Canciones

1921-1924

Biblioteca García Lorca

Federico García Lorca

Canciones

1921-1924

Edición de Mario Hernández

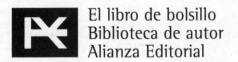

El libro de bolsillo
Biblioteca de autor
Alianza Editorial

Primera edición en «Obras de Federico García Lorca»: 1981
Tercera reimpresión: 1997
Primera edición, revisada, en «Biblioteca de autor»: 1998
Cuarta reimpresión: 2012

Diseño de cubierta: Alianza Editorial
Ilustración: *Pera y dado con puntoas que se desprenden*, dibujo de Federico
García Lorca
© VEGAP, Madrid, 1998
Proyecto de colección: Odile Atthalin y Rafael Celda

© Herederos de Federico García Lorca
© Edición, introducción y notas: Mario Hernández
© Alianza Editorial, S.A., Madrid, 1981, 1993, 1995, 1997, 1998, 1999,
2004, 2008, 2012
  Calle Juan Ignacio Luca de Tena, 15; 28027 Madrid; teléf. 91 393 88 88
  ISBN: 978-84-206-3386-2
  Depósito legal: M. 11.343-2008
  Printed in Spain

SI QUIERE RECIBIR INFORMACIÓN PERIÓDICA SOBRE LAS NOVEDADES DE
ALIANZA EDITORIAL, ENVÍE UN CORREO ELECTRÓNICO A LA DIRECCIÓN:

alianzaeditorial@anaya.es

Introducción

En septiembre de 1926 (con publicación en *Verso y Prosa*, núm. 2, febrero de 1927) Gerardo Diego dirige a Rafael Alberti una seria epístola en tercetos encadenados de tono familiar. El motivo: aunar fuerzas en torno al inminente centenario gongorino. Diego solicita del poeta gaditano: «A los nietos de Góngora convoca». Con metáfora guerrera explica en el penúltimo terceto: «Tu tafetán, don Luis, ya se despliega». Los aludidos nietos, ha de aclararse, más que por una precisa línea genealógica, lo son por amplia actitud o simple oficio. No obstante, hay que decir también que, desde Darío, Góngora se había constituido en uno de los símbolos de la renovación poética iniciada con el Modernismo, movimiento que, con vastas fronteras, Juan Ramón Jiménez definiría en una entrevista como «el encuentro de nuevo con la belleza, sepultada durante el siglo XIX por un tono general de poesía burguesa» *(La Voz,* 18-III-1935). No importa, pues, demasiado que el desplegado tafetán proyecte o no todo su claroscuro sobre los poetas que Diego describe en adivinanza, ocultando sus nombres al «avisado» lector de sus tercetos. En el «florido lote», que dice, tres primeros maestros son reconocibles: Valle-Inclán, Juan Ramón Jiménez y Antonio Machado, este último definido con un cierto despego. (Ninguno de los tres colaboraría en los proyectados homenajes.) Sigue después la mención de los más próximos, en recuento que coge por igual a Ramón de Basterra, Dámaso Alonso, Salinas, Guillén, Huidobro y Larrea. Entre unos y otros surge la definición de García Lorca:

> Y con risa de niño en su universo,
> «ciervo de espuma y rey del monterío»,
> el juglar devotísimo y disperso.

Dos voces dicen el elogio, ya que el endecasílabo central pertenece a un conocido soneto de *Marinero en tierra*.

Tres fueron los sonetos, de 1924, que Alberti había dedicado a su amigo granadino en el libro de la nostalgia del mar. Valga recordar el final del primero:

> Despertaste a la sombra de una oliva,
> junto a la pitiflor de los cantares.
> Tierra y aire, tu alma fue cautiva.
>
> Abandonando, dulce, sus altares,
> quemó ante ti una anémona votiva
> la musa de los cantos populares.

Desde fecha, pues, muy temprana dos notas definen a García Lorca entre los mismos poetas de su generación: su carácter de «bardo anterior a la Imprenta», según la fórmula de Jorge Guillén *(Federico en persona),* y su cultivo de una poesía de inspiración popular. Podríamos matizar aún más este segundo aspecto: voz de infancia, aludida tanto por las «risas de niño» como por «la pitiflor de los cantares». Dentro de este contexto, Diego puede hablar, sin caer en el ripio, de un *universo* poético. No obstante, García Lorca sólo había publicado por entonces un único volumen de poesía: su *Libro de poemas* (1921). Allí, la voz juvenil, casi adolescente, se manifestaba regida por el influjo de Rubén Darío, de Juan Ramón, Machado, Salvador Rueda; de espaldas, y es significativo, al movimiento ultraísta, que dejaba su impronta en escasos versos. Las huellas señaladas no quitan interés a un libro tan vehemente y rico, que, no obstante, rinde tributo a la inseguridad de caminos plurales, los cuales tendrán cuajada manifestación en libros futuros.

Lo cierto es que García Lorca no era conocido sólo por el citado volumen, ni por los numerosos poemas que había publicado en prensa y revistas. Antes de la aparición de *Canciones* su imagen de poeta no obedecía únicamente a la que podía proporcionar por su libro del año 21. El poeta era conocido fundamentalmente a través de sus lecturas privadas, por medio de la fascinación de su voz y entusiasmo de recitador. Fieles amigos, además, contribuyen a extender su obra. Así, Fernández Almagro publica en la revista *España* (13-X-1923) un artículo –«El mundo lírico de García Lorca»– donde, entre citas de poemas cuya aparición será póstuma, se evoca el mundo del *Poema del cante jondo,* con su panorama de las Andalucías, y surge el viento, «galán de torres», el nardo de la luna, que «derrama su olor frío», o una lejana ciudad, que aparece, *more ultraísta,* «tocada con plumas de humo y silbidos». Ante tales puntas de flecha dice el crítico: «No importa marchar, anticipando etapas, sino volver, remontando nostalgias». Alude Fernández Almagro a ese refugio de infancia y manantial que el poeta canta en sus versos, pero la frase puede ser aplicada, traslaticiamente, al mismo trabajo lorquiano, de demorada pero hirviente construcción. Aunque los proyectos nazcan y se superpongan de manera continua, no se queman etapas. Cada obra –teatro o poesía– es contrastada en lecturas diversas, queda relegada a un proceso de madurada decantación. En las cartas de García Lorca una expresión –«trabajo mucho»– se convierte casi en un constante estribillo, repetido a amigos diversos.

Esta labor, sin someterse a un proceso metódico, sino a un modo vital de comportamiento, cumple el camino esboza-do. No es así extraño que, a la hora de publicar *Canciones,* Fernández Almagro, que actuaba como consejero avecinda-do en la corte madrileña, comente a García Lorca el peligro de que este tipo de poemas hubiera sido ya «copiado» por otros poetas. Hay un modo lorquiano (pronto se hablará de «lorquismo», en vida del propio generador del nuevo «ismo»), pero hay también, como ante toda voz netamente original, un quid inimitable. Con discreta seguridad se refie-re García Lorca a sus canciones: «*Han salido ilesas.* [...] Tie-nen un *algo,* y ese algo es lo que no se copia».

Retomando el artículo de Fernández Almagro, puede ob-servarse cómo este crítico e íntimo amigo sólo habla, a fines de 1923, de un libro definido, *Cante jondo* (todavía a medio camino hacia el título último), y de un diverso número de poemas, de los que se glosan versos sueltos o breves frag-mentos. Sólo dos de estos poemas, ya aludidos, se incorpo-rarán a *Canciones:* «Arbolé arbolé» y «Eco». El resto de las citas hace referencia al ámbito de las *Suites,* conjunto que en ningún momento aparece nombrado como libro y en el que se confunden, partiendo del artículo, el romance y la can-ción mencionados. Si bien el poeta había proyectado desde fechas anteriores publicar las *suites,* parcialmente adelanta-das en revista, la agregación continua de nuevas series de poemas debió dar lugar a una obra cuya ordenación se vol-vía cada vez más problemática.

A comienzos de 1926 García Lorca decide dar la batalla de las publicaciones, rompiendo su carácter de poeta casi iné-dito en libro. Atrás quedaba el *Poema del cante jondo,* clara-mente unitario desde el mes de su escritura esencial: no-viembre de 1921. El *Romancero gitano* estaba en proceso de creación, con añadido de poemas, como la «Burla de Don Pedro a caballo», no perteneciente en su origen a libro pro-yectado que nos sea conocido. La forma métrica, no obstante, decantará los romances gitanos hacia un conjunto homogéneo, ya claramente decidido en 1924. Por otro lado, las *suites* quedaban definidas por su organización fragmentada en torno a un tema central, que se descomponía en variaciones o hilos de un mismo tejido. El poeta tenía ante sí, de todos modos, otros poemas sueltos o constitutivos de series más abiertas temáticamente que las aludidas *suites*. Además, si el modo de composición en «poema» era el mismo, estas otras canciones se deslindaban por su carácter más exterior, menos meditativo. Es claro que el deslinde por la razón dicha ha de ser matizado, pero el tono de interrogación metafísica de las *suites,* aun en su tono menor, se vestía en estas canciones de luces interpretativas de un mundo ajeno, de un disfraz tenuemente burlesco («Dicen que tienes cara... de luna llena»), de un aire de juego en el que los más graves temas quedaban transfigurados. El peso, pues, de lo confesional e intimista, propio, por su lado más brusco, de una poesía primeriza, quedaba matizado y enriquecido por medio de la simbolización, las metáforas de novísimo cuño y el distanciamiento objetivo a que da pie el humor.

Aun desgranando las diferencias sólo de un modo rápido, García Lorca debió ver claramente la posibilidad de un libro distinto de las *Suites,* más vario y maduro, carente de la ingenuidad que asoma en algunos de los poemillas de una etapa que en parte se confunde con la de *Canciones.* Es entonces cuando, tras corregir y ordenar sus manuscritos, el poeta decide publicar los dos poemarios como obras distintas, además del *Poema del cante jondo.* El proyecto, según lo podemos reconstruir a través del epistolario, no fructificará más que en el volumen de *Canciones,* editado como suplemento de la revista *Litoral* en 1927. Poco más de un año antes de la publicación, escribía García Lorca a Fernández Almagro: «El libro *que me ha salido* de canciones cortas es interesante». La forma verbal que he subrayado inclina a pensar en una organización *a posteriori* del conjunto, tal como vengo sosteniendo. Esto no impide, por supuesto, que el poeta no hubiera distinguido entre series de *suites* y de canciones en el momento de su escritura. Sin embargo, todo parece indicar que, al margen de la parcial superposición cronológica, el azar de la inspiración y la elección crítica posterior serán los que decidan la coherencia y libre juego interno de *Canciones,* libro que no parte de un proyecto premeditado. De este modo, si el conjunto no ofrece la trabada organización del *Poema del cante jondo* (incluidas esas ventanas últimas de los diálogos), la variedad de ritmo y temática cambiante, sobre un tono homogéneo, le presta la gracia de la sorpresa continua, del alarde que llamea con insospechadas profundidades.

Mas, volviendo sobre el proceso de estructuración del libro, cabe descubrir alguno de los arrepentimientos del poeta. Por la citada carta a Fernández Almagro sabemos que una de las partes que compondría *Canciones* iba a estar dedicada «A Teresita Guillén, tocando su piano de seis notas». La dedicatoria, que finalmente se restringirá a la canción de los lagartos que lloran su perdido anillo, encabeza inicialmente el manuscrito de «Cuatro baladas amarillas», sección de *Primeras canciones* (1936) escrita en 1921. Semejante es el caso de las nombradas como «canciones andaluzas» en carta del poeta a su hermano Francisco, también a principios de 1926. El título de una sección de *Canciones,* «Andaluzas», parece convenir, sin duda alguna, a la citada denominación. Sin embargo, García Lorca menciona esos poemas como una serie de características propias –puesto que la independiza en la cita– que se incorporaría al *Poema del cante jondo.* No fue así, como es claro, produciéndose un nuevo cambio de ordenación. El poeta, por tanto, corrige y baraja sus manuscritos con inteligencia crítica que vuelve y enmienda y reordena hasta que se siente satisfecho de lo realizado.

En enero de 1927 la labor había llegado a término. Es entonces cuando escribe a Guillén: «Quedan las canciones ceñidas a mi cuerpo y yo *dueño* del libro». Y, como burlándose de posibles críticas, añade: «Mal poeta... ¡muy bien!, pero dueño de su mala poesía». Remedando, finalmente, el célebre título de Soto de Rojas, define en nueva carta sus *Canciones* del siguiente modo: «Libro de sorpresa para muchos y de alegría para pocos». No es el menguado gozo de la envidia el aludido en la definición, sino la alegría del reducido grupo de amigos que han seguido efusivamente, contagiados, la demorada labor del poeta granadino. Muy lejos aún de las imposiciones de la fama, García Lorca concebía la publicación de su grácil conjunto de *Canciones,* uno de sus más hermosos libros, como un «acontecimiento íntimo». Sólo después, tras el éxito popular del *Romancero gitano,* el libro conocerá una segunda edición en Madrid, 1928, a cargo de Revista de Occidente. Ahora –1926-1927– el libro se adelanta, por querida oposición, al *Romancero,* y el poeta busca en primer lugar el placer propio y el de los amigos. Además, trata de luchar contra dos mitos: el de poeta inédito, con sus libros varados por problemas que incluyen el de dar forma legible a los originales, y el de autor sólo de romances de tema gitano, según la falsa o incompleta imagen que empieza a imponerse.

Mas volvamos de nuevo tiempo atrás, para tratar de reconstruir más en detalle las circunstancias que acompañaron el nacimiento de *Canciones.* Estamos en el pueblo cordobés de Rute, donde Alberti está escribiendo parte de lo que será *El alba del alhelí,* su tercer libro de canciones, ya casi agotada la fórmula –casi falsilla rítmica– con la que había logrado el hallazgo de su *Marinero en tierra.* Es en diciembre de 1925 y el poeta gaditano escribe a García Lorca: «Tú y yo debemos estar algo más unidos. Yo soy como un hermano menor tuyo, Federico. Nos escribiremos, si a ti no te importa, con alguna frecuencia. Yo te contaré todos mis proyectos y tú, si quieres, me contarás también los tuyos. Sí, queridísimo Federico; yo me siento muy cerca de ti»[1]. Agrega Alberti que tiene escrito del verano anterior *La amante*, libro que le ha solicitado Emilio Prados y al que quiere dar forma definitiva. De acuerdo con esta carta, el poeta e impresor Emilio Prados acariciaba ya el proyecto de lo que sería la serie de Suplementos de *Litoral*, la revista cuyo primer número aparece en noviembre de 1926. Alberti, citando las noticias que le transmite Prados, habla de «la inauguración de una biblioteca para libros de jóvenes», en la que aparecería la «Oda a Salvador Dalí». Comenta Alberti sobre esta posible publicación: «Me alegra en el alma. Ya es hora de que vea la luz pública algo tuyo. Tú, a estas alturas, debías de haber publicado ya más de cinco libros, te has distraído demasiado». En realidad, el temprano acuerdo con Prados para la edición suelta de la «Oda» (reconducida luego hacia las páginas de *Revista de Occidente)* no es más que un intento por romper lo que el propio García Lorca ha de llamar, en carta a Guillén, «el mito de mis publicaciones». No es únicamente un problema de distracción, por supuesto; en todo caso, de acumulación de un material poético que, llegado un momento, se decantará por sí mismo. Poco antes de dar por ordenados y dispuestos para la imprenta los tres libros a los que ya se ha aludido *(Poema del cante jondo, Suites* y *Canciones),* García Lorca ha iniciado su inconcluso *Libro de odas* y tiene compuesta parte de su *Primer romancero gitano,* amén de las piezas teatrales ya escritas, esbozadas o en problemático trance de estreno, como *Mariana Pineda.* El mito, pues, tiene de qué alimentarse.

Emilio Prados insiste, al parecer, en la amistosa reunión de originales para su proyectada colección. En octubre del 26 viaja a Granada, donde permanece varios días. La idea de publicar la «Oda» pudo quedar arrumbada por la misma brevedad del poema. Mas, si ésta no es una razón

1. R. Alberti, *Cuadernos de Rute (1925). Poemas. Prosas. Epistolario,* Málaga, Ediciones Litoral, 1977, págs. 115-116.

concluyente (recuérdese *El joven marino,* de Cernuda, publicado por Altolaguirre en Héroé, 1936), la atención de los dos amigos se centró en el más ambicioso proyecto de la edición de los tres libros. Antes de partir para Málaga, Prados firma una tarjeta que envía con García Lorca a Guillén. En ella cierra sus palabras con esta afirmación: «¡Me llevo los libros de Federico! ¡Todos!»[2]. El énfasis de la exclamación parece obedecer a un entusiasmo claramente compartido; sin duda, también al noble triunfo de la admiración hacia los poemas obtenidos para *Litoral.* De fechas próximas debe ser la carta en que Salvador Dalí se hace eco de las nuevas noticias. Citando a un común amigo catalán, escribe: «El santo Rigol me ha hablado de ti y muchas cosas, espero sea cierta la publicación de tus libros extraordinarios». Y añade: «Adiós, creo en tu inspiración, en tu *sudor,* en tu fatalidad astronómica»[3].

Siguiendo los meandros de este entrecruzamiento de correspondencia salvada hay que recordar una carta de Guillén, ya en el último mes de 1926. De nuevo Prados ha sido el transmisor de noticias, aparte de solicitar del poeta vallisoletano la entrega del futuro y primer *Cántico* para sus ediciones. (El libro, como sabemos, se publicaría finalmente en Revista de Occidente, en la misma colección y año que el *Romancero* lorquiano.) Refiriéndose sin duda a un período relativamente largo, escribe Jorge Guillén: «He tenido noticias tuyas por Emilio Prados, que me ha escrito cartas deliciosas y en extremo efusivas. Primero me dijo que se llevaba tus versos para imprimirlos en Málaga, y en seguida. Tuve tal

2. Cf. Jorge Guillén, *Federico en persona,* Buenos Aires, 1959, pág. 107. De este libro proceden también las citas epistolares de Guillén que luego se glosan. Para *Litoral* y sus suplementos véase Julio Neira, *«Litoral», la revista de una generación,* Santander, 1978.
3. Cito por Antonina Rodrigo, *Lorca-Dalí. Una amistad traicionada,* Barcelona, 1978, pág. 236. De las mismas páginas procede la cita epistolar posterior.

alegría que pensé enviarte un telegrama, pero me pareció demasiado «extremo» para alegría tan fundamental. Porque es *para nosotros todos fundamental* que tus libros se hagan, se publiquen, se consumen». Mas, partiendo de las recientes cartas del poeta malagueño, se insinúa ya el cordial réspice: «Ahora resulta, según las últimas noticias de Prados, que el estado actual de tus manuscritos no permite su traslado inmediato a la imprenta, y que de nuevo son necesarios nuevos aplazamientos indefinidos... Eres incorregible. Allá tú. No voy a repetirte lo que estás cansado de oírme, de oírnos. Allá tú. Prados y su maravilloso "Sur" esperan en Málaga. Un poeta formidable ¿qué espera en Granada?».

La historia es sabida. Ante estas y otras dificultades, Prados devolverá los manuscritos, García Lorca interpretará que no quiere publicar sus libros y, finalmente, se superarán los malentendidos con la publicación exclusiva de *Canciones*. Por medio ha habido una edición de tres romances sueltos en el número primero de *Litoral*, en versión que, tal vez por los mismos manuscritos entregados, ha salido llena de errores. El enfado consiguiente del granadino será uno de los motivos que enturbiará el proyecto de los tres libros. Por último, *Canciones*, considerado por su autor como el mejor, lleva colofón de 17 de mayo de 1927, y aparecerá numerado como primer suplemento de *Litoral*. *La amante*, en cambio, a pesar de publicarse en noviembre del 26, se edita como segundo suplemento. Probablemente la ordenación dependió más de la prioridad en la entrega de los originales que de la fecha de cierre de tirada. Otra explicación paralela radica en la lenta andadura de la impresión de *Canciones*, pendiente del primer toma y daca de enfados y amistad y, ya iniciado el año 27, de la corrección definitiva del libro por parte del autor. Tampoco está claro en qué momento se decidió la edición única de *Canciones*, con olvido de los otros dos libros. Entre otras razones, pudo influir el salto de García Lorca a Barcelona para el estreno de *Mariana Pineda* y su exposición de dibujos en las Galerías Dalmau.

La imprenta Sur, donde se componía *Litoral,* utilizaba como máquina de imprimir una Minerva manual, de las que todavía algunos impresores conservan útiles ejemplares que usan para la tirada de tarjetas de visita u otros trabajos menudos. De allí salió la hermosa y cuidada (pues puede decirse) edición primera de *Canciones,* en cuya cubierta de papel rosa, satinado, campeaban bajo el título las fechas de composición: 1921-1924. Ni 1923 la segunda fecha, desmintiendo al propio poeta en una de sus cartas, ni el dibujo de la constelación Lyra, la situada entre Hércules y el Cisne, «tal como está en los mapas astronómicos». Poemas tiene el libro cuyos autógrafos están fechados en 1924, como la «Canción de jinete» y «¡Es verdad!». En cuanto a la constelación citada, es muy probable que se tratara de un dibujo del propio García Lorca para la cubierta de su libro, del mismo modo que compuso con uno de su mano la del *Romancero.* Lo que sí nos consta es el ofrecimiento de Dalí: «¡Viva la rosa en su rosal! Pronto te mandaré los dibujos que me pides junto con un ex libris para ti y una portada deliciosa para tu libro de canciones». La exclamación procede del estribillo de un poema del amigo, con guiño tal vez hacia la «Oda»: «Una rosa en el alto jardín que tú deseas». Los dibujos pedidos debieron serlo, a requerimiento de Guillén, para *Verso y Prosa,* cuyo número 4 (Murcia, abril de 1927) se abre a plana entera con poemas de los tres libros lorquianos y uno de los dos dibujos enviados por Dalí: «La playa». Dejado aparte el ex libris –una viñeta taurina que se ha conservado, de fino trazo a lápiz– el dibujo para *Canciones* acaso no llegó nunca. Al menos, ninguna noticia se conoce de esta portada daliniana. Fuera por el cruce de los dos proyectos, o por otra razón desconocida, Altolaguirre y Prados resolvieron la cubierta y portada de *Canciones* atenidos a una ley de sobria elegancia tipográfica, el libro sin ninguna ilustración. El tentado racimo de estrellas de la pequeña constelación dejaría, de todos modos, su diseño en los versos de la «Soledad insegura» dedicada a Góngora:

> Lyra bailaba en la fingida curva,
> blanco baile de inmóvil geometría.

Mas si Góngora nos vuelve a las citas con que se ha iniciado esta introducción, bajo otra advocación poética se sitúa *Canciones:* Lope de Vega. El Lope de la seguidilla «Río de Sevilla», de *Lo cierto por lo dudoso,* o de otras letras para cantar semejantes, las mismas que José F. Montesinos recoge en una antología de la lírica lopesca en 1925 (Espasa Calpe, Clásicos Castellanos)[4]; el Lope que Montesinos, esta vez en colaboración con García Lorca, antologiza en un leve folleto, *Cantares de Lope de Vega,* impreso en 1935 para repartir durante las actuaciones de La Barraca; el Lope, en fin, que el autor de *Canciones* y de *Amor de Don Perlimplín* ya homenajea en su «Serenata» a Lolita-Belisa: «Plata de arroyos y espejos. / Anís de tus muslos blancos». Y sobre el poeta del XVII, o al lado suyo, el cantar anónimo español, en el que, para el poeta granadino, ocupa un rincón privilegiado el cancionero infantil. Y no sólo este canto particular: el encanto del cuento semiborrado, las facecias y juegos de una niñez que se las sabe todas sin que por ello pierda, por milagroso don poético, la inocencia de corazón.

García Lorca grita casi, con doble exclamación, en una tempranísima carta: «¡¡Basta ya de Castilla!!» El comentario vuelve a repetirse, con parecidas palabras, en el epistola-

---

4. Véase el comentario de Montesinos sobre el hallazgo de la seguidilla y los felices aspavientos de García Lorca cuando el amigo erudito le comunica el «descubrimiento»: *Estudios sobre Lope de Vega,* Salamanca, 1969, pág. XII de la «Carta-prólogo». Apostilla dos páginas después Montesinos, a propósito del estímulo que su antología y estudios pudieron despertar en los poetas: «Lorca no necesitaba de mí para nada. Tenía la sensibilidad que tuvo Lope para todo lo que fuera entrañablemente español.»

rio del poeta. Un texto de los últimos años, la «Elegía a María Blanchard», nos trae la mención de «la triste España del 98», que así se cita de pasada. En el contexto en que aparece la referencia no implica más que un juicio sobre un entramado de costumbres y opiniones que resultarán estigmatizadas en *Doña Rosita la Soltera* y *La casa de Bernarda Alba*. La alusión, sin embargo, además de dirigirse a la historia española, no puede evitar la implícita reflexión sobre una generación literaria. El mismo Juan Ramón Jiménez hablará despectivamente del «eternismo castellano», con explícita desestima para los *Campos de Castilla* machadianos. Es la ley del paisajismo por vía histórica (o intrahistórica), a la que, quitado el adjetivo, ha de plegarse también el mismo Jiménez. Sin que García Lorca siga necesariamente los puntos de vista del moguereño, la variedad musical de sus canciones –andaluzas o no– echa sus raíces en una tradición reinventada, antigua y novísima a la par. No en balde Gerardo Diego, al reseñar con algún retintín el nuevo libro en *Revista de Occidente* (XVII, 1927, págs. 380-384), se referirá a determinadas piezas de Ravel, Bach y Bela Bartok como término comparativo, al tiempo que anuncia «un inminente primer cuaderno de *Canciones andaluzas,* para piano o guitarra, y voz de soprano» del poeta granadino. Ningún otro testimonio ha quedado de este proyecto, mas crítica y noticia nos conducen a ese moderno gusto –pintura, música, juego– que en *Canciones* se tornasola de profundidad en lo más leve y de mágica gracia en lo más grave. ¿Arte menor? La poesía no se mide por el número ni el metro de sus versos.

MARIO HERNÁNDEZ

Canciones

1921-1924

A Pedro Salinas,
Jorge Guillén
y Melchor Fernández Almagro

Teorías

Canción de las siete doncellas
(Teoría del arco iris)

Cantan las siete
doncellas.

(Sobre el cielo un arco
de ejemplos de ocaso.)

Alma con siete voces,
las siete doncellas.

(En el aire blanco,
siete largos pájaros.)

Mueren las siete
doncellas.

(¿Por qué no han sido nueve?
¿Por qué no han sido veinte?)

El río las trae.
Nadie puede verlas.

Nocturno esquemático

fennel

Hinojo, serpiente y junco.
Aroma, rastro y penumbra.
Aire, tierra y soledad.

(La escala llega a la luna.)

La canción del colegial

Sábado.
(Puerta de jardín.)

Domingo.
(Día gris.
Gris.)

Sábado.
(Arcos azules.
Brisa.)

Domingo.
(Mar con orillas.
Metas.) *goal, goalkeeper*

Sábado.
(Semilla
estremecida.)

Domingo.
(Nuestro amor se pone
amarillo.)

El canto quiere ser luz.
En lo oscuro el canto tiene,
hilos de fósforo y luna.
La luz no sabe qué quiere.
En sus límites de ópalo,
se encuentra ella misma,
y vuelve.

Tiovivo

A José Bergamín

Los días de fiesta
van sobre ruedas.
El tiovivo los trae,
y los lleva.

Corpus azul.
Blanca Nochebuena.

Los días, abandonan
su piel, como las culebras,
con la sola excepción
de los días de fiesta.

Éstos son los mismos
de nuestras madres viejas.
Sus tardes son largas colas
de moaré y lentejuelas.

Corpus azul.
Blanca Nochebuena.

El tiovivo gira
colgado de una estrella.
Tulipán de las cinco
partes de la tierra.

Sobre caballitos
disfrazados de panteras
los niños se comen la luna
como si fuera una cereza.

¡Rabia, rabia, Marco Polo!
Sobre una fantástica rueda,
los niños ven lontananzas
desconocidas de la tierra.

Corpus azul.
Blanca Nochebuena.

Balanza

La noche quieta siempre.
El día va y viene.

La noche muerta y alta.
El día con un ala.

La noche sobre espejos
y el día bajo el viento.

Canción con movimiento

balance + opposites

Ayer.

(Estrellas
azules.)

Mañana.

(Estrellitas
blancas.)

Hoy.

adormecer - to make sleepy

(Sueño flor adormecida
en el valle de la enagua.)

Ayer.

(Estrellas
de fuego.)

33

Mañana.

(Estrellas
moradas.)

Hoy.

(Este corazón, ¡Dios mío!
¡Este corazón que salta!)

Ayer.

(Memoria
de estrellas.)

Mañana.

(Estrellas
cerradas.)

Hoy...

(¡Mañana!)

¿Me marearé quizá
sobre la barca?

¡Oh los puentes del Hoy
en el camino de agua!

Refrán

Marzo
pasa volando.

Y enero sigue tan alto.

Enero,
sigue en la noche del cielo.

Y abajo marzo es un momento.

Enero.
Para mis ojos viejos.

Marzo.
Para mis frescas manos.

freze

Friso

A Gustavo Durán

TIERRA	CIELO
Las niñas de la brisa van con sus largas colas.	Los mancebos del aire saltan sobre la luna.

Cazador

¡Alto pinar! [pinewood]
Cuatro palomas por el aire van.

Cuatro palomas
vuelan y tornan.
Llevan heridas
sus cuatro sombras.

¡Bajo pinar!
Cuatro palomas en la tierra están.

Fábula

Unicornios y cíclopes.

Cuernos de oro
y ojos verdes.

Sobre el acantilado,
en tropel gigantesco
ilustran el azogue
sin cristal, del mar.

Unicornios y cíclopes.

Una pupila
y una potencia.

¿Quién duda la eficacia
terrible de esos cuernos?

¡Oculta tus blancos,
Naturaleza!

Agosto,
contraponientes
de melocotón y azúcar,
y el sol dentro de la tarde,
como el hueso en una fruta.

La panocha guarda intacta
su risa amarilla y dura.

Agosto.
Los niños comen
pan moreno y rica luna.

Arlequín

Teta roja del sol.
Teta azul de la luna.

Torso mitad coral,
mitad plata y penumbra.

Cortaron tres árboles

A Ernesto Halffter

Eran tres.

(Vino el día con sus hachas.)

Eran dos.

(Alas rastreras de plata.)

Era uno.

Era ninguno.

(Se quedó desnuda el agua.)

Nocturnos de la ventana

A la memoria de José de Ciria y Escalante.
Poeta.

1

Alta va la luna.
Bajo corre el viento.

(Mis largas miradas,
exploran el cielo.)

Luna sobre el agua.
Luna bajo el viento.

(Mis cortas miradas
exploran el suelo.)

Las voces de dos niñas
venían. Sin esfuerzo,
de la luna del agua,
me fui a la del cielo.

2

Un brazo de la noche
entra por mi ventana.

Un gran brazo moreno
con pulseras de agua.

Sobre un cristal azul
jugaba al río mi alma.

Los instantes heridos
por el reloj... pasaban.

3

Asomo la cabeza
por mi ventana, y veo
cómo quiere cortarla
la cuchilla del viento.

En esta guillotina
invisible, yo he puesto
las cabezas sin ojos
de todos mis deseos.

Y un olor de limón
llenó el instante inmenso,
mientras se convertía
en flor de gasa el viento.

4

Al estanque se le ha muerto
hoy una niña de agua.
Está fuera del estanque,
sobre el suelo amortajada.

De la cabeza a sus muslos
un pez la cruza, llamándola.
El viento le dice: «Niña»,
mas no puede despertarla.

El estanque tiene suelta
su cabellera de algas
y al aire sus grises tetas
estremecidas de ranas.

«Dios te salve» rezaremos
a Nuestra Señora de Agua
por la niña del estanque
muerta bajo las manzanas.

Yo luego pondré a su lado
dos pequeñas calabazas
para que se tenga a flote,
¡ay!, sobre la mar salada.

Residencia de Estudiantes. 1923

Canciones para niños

A la maravillosa niña Colomba Morla Vicuña,
dormida piadosamente el día 12 de agosto de 1928

Canción china en Europa

A mi ahijada Isabel Clara

La señorita
del abanico,
va por el puente
del fresco río.

Los caballeros
con sus levitas,
miran el puente
sin barandillas.

La señorita
del abanico
y los volantes,
busca marido.

Los caballeros
están casados,
con altas rubias
de idioma blanco.

Los grillos cantan
por el Oeste.

(La señorita,
va por lo verde.)

Los grillos cantan
bajo las flores.

(Los caballeros,
van por el Norte.)

Cancioncilla sevillana

A Solita Salinas

Amanecía
en el naranjel.
Abejitas de oro
buscaban la miel.

¿Dónde estará
la miel?

Está en la flor azul,
Isabel.
En la flor,
del romero aquel.

(Sillita de oro
para el moro.
Silla de oropel
para su mujer.)

Amanecía,
en el naranjel.

Caracola

A Natalita Jiménez

Me han traído una caracola.

Dentro le canta
un mar de mapa.
Mi corazón
se llena de agua
con pececillos
de sombra y plata.

Me han traído una caracola.

A Mademoiselle Teresita Guillén
tocando su piano de seis notas

El lagarto está llorando.
La lagarta está llorando.

El lagarto y la lagarta
con delantalitos blancos.

Han perdido sin querer
su anillo de desposados.

¡Ay, su anillito de plomo,
ay, su anillito plomado!

Un cielo grande y sin gente
monta en su globo a los pájaros.

El sol, capitán redondo,
lleva un chaleco de raso.

¡Miradlos qué viejos son!
¡Qué viejos son los lagartos!

¡Ay, cómo lloran y lloran,
¡ay!, ¡ay!, cómo están llorando!

Canción cantada

En el gris,
el pájaro Griffón
se vestía de gris.
Y la niña Kikirikí
perdía su blancor
y forma allí.

Para entrar en el gris
me pinté de gris.
¡Y cómo relumbraba
en el gris!

Paisaje

A Rita, Concha,
Pepe y Carmencica

La tarde equivocada
se vistió de frío.

Detrás de los cristales
turbios, todos los niños,
ven convertirse en pájaros
un árbol amarillo.

La tarde está tendida
a lo largo del río.
Y un rubor de manzana
tiembla en los tejadillos.

Canción tonta

Mamá.
Yo quiero ser de plata.

Hijo,
tendrás mucho frío.

Mamá.
Yo quiero ser de agua.

Hijo,
tendrás mucho frío.

Mamá.
Bórdame en tu almohada.

¡Eso sí!
¡Ahora mismo!

Andaluzas

A Miguel Pizarro
(en la irregularidad simétrica del Japón)

Canción de jinete
(1860)

En la luna negra
de los bandoleros,
cantan las espuelas.

Caballito negro.
¿Dónde llevas tu jinete muerto?

... Las duras espuelas
del bandido inmóvil
que perdió las riendas.

Caballito frío.
¡Qué perfume de flor de cuchillo!

En la luna negra,
sangraba el costado
de Sierra Morena.

Caballito negro.
¿Dónde llevas tu jinete muerto?

La noche espolea
sus negros ijares
clavándose estrellas.

Caballito frío.
¡Qué perfume de flor de cuchillo!

En la luna negra,
¡un grito! y el cuerno
largo de la hoguera.

Caballito negro.
¿Dónde llevas tu jinete muerto?

Adelina de paseo

La mar no tiene naranjas,
ni Sevilla tiene amor.
Morena, qué luz de fuego.
Préstame tu quitasol.

Me pondrá la cara verde
zumo de lima y limón.
Tus palabras –pececillos–
nadarán alrededor.

La mar no tiene naranjas.
Ay, amor.
¡Ni Sevilla tiene amor!

Zarzamora con el tronco gris,
dame un racimo para mí.

Sangre y espinas. Acércate.
Si tú me quieres, yo te querré.

Deja tu fruto de verde y sombra
sobre mi lengua, zarzamora.

Qué largo abrazo te daría
en la penumbra de mis espinas.

Zarzamora, ¿dónde vas?
A buscar amores que tú no me das.

Mi niña se fue a la mar,
a contar olas y chinas,
pero se encontró, de pronto,
con el río de Sevilla.

Entre adelfas y campanas
cinco barcos se mecían,
con los remos en el agua
y las velas en la brisa.

¿Quién mira dentro la torre
enjaezada, de Sevilla?
Cinco voces contestaban
redondas como sortijas.

El cielo monta gallardo
al río, de orilla a orilla.
En el aire sonrosado,
cinco anillos se mecían.

Tarde

*(¿Estaba mi Lucía con
los pies en el arroyo?)*

Tres álamos inmensos
y una estrella.

El silencio mordido
por las ranas, semeja
una gasa pintada
con lunaritos verdes.

En el río,
un árbol seco,
ha florecido en círculos
concéntricos.

Y he soñado sobre las aguas,
a la morenita de Granada.

Canción de jinete

Córdoba.
Lejana y sola.

Jaca negra, luna grande,
y aceitunas en mi alforja.
Aunque sepa los caminos
yo nunca llegaré a Córdoba.

Por el llano, por el viento,
jaca negra, luna roja.
La muerte me está mirando
desde las torres de Córdoba.

¡Ay, qué camino tan largo!
¡Ay, mi jaca valerosa!
¡Ay, que la muerte me espera,
antes de llegar a Córdoba!

Córdoba.
Lejana y sola.

¡Es verdad!

¡Ay, qué trabajo me cuesta
quererte como te quiero!

Por tu amor me duele el aire,
el corazón
y el sombrero.

¿Quién me compraría a mí,
este cintillo que tengo
y esta tristeza de hilo
blanco, para hacer pañuelos?

¡Ay, qué trabajo me cuesta
quererte como te quiero!

        Arbolé arbolé
seco y verdé.

        La niña del bello rostro
está cogiendo aceituna.
El viento, galán de torres,
la prende por la cintura.

        Pasaron cuatro jinetes,
sobre jacas andaluzas
con trajes de azul y verde,
con largas capas oscuras.

        «Vente a Córdoba, muchacha.»
La niña no los escucha.

        Pasaron tres torerillos
delgaditos de cintura,

con trajes color naranja
y espadas de plata antigua.

«Vente a Sevilla, muchacha.»
La niña no los escucha.

Cuando la tarde se puso
morada, con luz difusa,
pasó un joven que llevaba
rosas y mirtos de luna.

«Vente a Granada, muchacha.»
Y la niña no lo escucha.

La niña del bello rostro
sigue cogiendo aceituna,
con el brazo gris del viento
ceñido por la cintura.

Arbolé arbolé
seco y verdé.

Galán,
galancillo.
En tu casa queman tomillo.

Ni que vayas, ni que vengas,
con llave cierro la puerta.

Con llave de plata fina.
Atada con una cinta.

En la cinta hay un letrero:
«Mi corazón está lejos».

No des vueltas en mi calle.
¡Déjasela toda al aire!

Galán,
galancillo.
En tu casa queman tomillo.

Tres retratos con sombra

Verlaine

La canción,
que nunca diré,
se ha dormido en mis labios.
La canción,
que nunca diré.

Sobre las madreselvas
había una luciérnaga,
y la luna picaba
con un rayo en el agua.

Entonces yo soñé,
la canción,
que nunca diré.

Canción llena de labios
y de cauces lejanos.

Canción llena de horas
perdidas en la sombra.

Canción de estrella viva
sobre un perpetuo día.

Baco

Verde rumor intacto.
La higuera me tiende sus brazos.

Como una pantera, su sombra,
acecha mi lírica sombra.

La luna cuenta los perros.
Se equivoca y empieza de nuevo.

Ayer, mañana, negro y verde,
rondas mi cerco de laureles.

¿Quién te querría como yo,
si me cambiaras el corazón?

... Y la higuera me grita y avanza
terrible y multiplicada.

Juan Ramón Jiménez

En el blanco infinito,
nieve, nardo y salina,
perdió su fantasía.

El color blanco, anda,
sobre una muda alfombra
de plumas de paloma.

Sin ojos ni ademán
inmóvil sufre un sueño.
Pero tiembla por dentro.

En el blanco infinito,
¡qué pura y larga herida
dejó su fantasía!

En el blanco infinito.
Nieve. Nardo. Salina.

Venus

Así te vi

La joven muerta
en la concha de la cama,
desnuda de flor y brisa
surgía en la luz perenne.

Quedaba el mundo,
lirio de algodón y sombra,
asomado a los cristales
viendo el tránsito infinito.

La joven muerta,
surcaba el amor por dentro.
Entre la espuma de las sábanas
se perdía su cabellera.

Debussy

Mi sombra va silenciosa
por el agua de la acequia.

Por mi sombra están las ranas
privadas de las estrellas.

La sombra manda a mi cuerpo
reflejos de cosas quietas.

Mi sombra va como inmenso
cínife color violeta.

Cien grillos quieren dorar
la luz de la cañavera.

Una luz nace en mi pecho,
reflejado, de la acequia.

Narciso

Niño.
¡Que te vas a caer al río!

En lo hondo hay una rosa
y en la rosa hay otro río.

¡Mira aquel pájaro! ¡Mira
aquel pájaro amarillo!

Se me han caído los ojos
dentro del agua.

¡Dios mío!
¡Que se resbala! ¡Muchacho!

...y en la rosa estoy yo mismo.

Cuando se perdió en el agua,
comprendí. Pero no explico.

Juegos

Dedicados a la cabeza de Luis Buñuel.
En gros plan.

Ribereñas

(Con acompañamiento de campanas)

Dicen que tienes cara
(balalín)
de luna llena
(balalán).

¿Cuántas campanas oyes?
(Balalín.)
No me dejan.
(¡Balalán!)

Pero tus ojos... ¡Ah!...
(balalín),
... perdona, tus ojeras...
(balalán),
y esa risa de oro
(balalín)
y esa..., no puedo, esa...
(balalán).

Su duro miriñaque
las campanas golpean.

¡Oh tu encanto secreto... tu...

(balalín,
lín
lín
lín...).

Dispensa.

A Irene García
(criada)

En el soto,
los alamillos bailan
uno con otro.
Y el arbolé,
con sus cuatro hojitas
baila también.

¡Irene!
Luego vendrán las lluvias
y las nieves.
Baila sobre lo verde.

Sobre lo verde verde,
que te acompaño yo.

¡Ay, cómo corre el agua!
¡Ay, mi corazón!

En el soto,
los alamillos bailan
uno con otro.
Y el arbolé,
con sus cuatro hojitas
baila también.

Al oído de una muchacha

No quise.
No quise decirte nada.

Vi en tus ojos
dos arbolitos locos.
De brisa, de risa y de oro.

Se meneaban.

No quise.
No quise decirte nada.

Las gentes iban
y el otoño venía.

Las gentes,
iban a lo verde.
Llevaban gallos
y guitarras alegres.
Por el reino
de las simientes.
El río soñaba,
corría la fuente.
¡Salta,
corazón caliente!

Las gentes,
iban a lo verde.

El otoño venía
amarillo de estrellas,
pájaros macilentos
y ondas concéntricas.
Sobre el pecho almidonado,
la cabeza.
¡Párate,
corazón de cera!

Las gentes iban
y el otoño venía.

Canción del mariquita

El mariquita se peina
con su peinador de seda.

Los vecinos se sonríen
en sus ventanas postreras.

El mariquita organiza
los bucles de su cabeza.

Por los patios gritan loros,
surtidores y planetas.

El mariquita se adorna
con un jazmín sinvergüenza.

La tarde se pone extraña
de peines y enredaderas.

El escándalo temblaba
rayado como una cebra.

¡Los mariquitas del Sur,
cantan en las azoteas!

Árbol de canción

Para Ana María Dalí

Caña de voz y gesto,
una vez y otra vez
tiembla sin esperanza
en el aire de ayer.

La niña suspirando
lo quería coger;
pero llegaba siempre
un minuto después.

¡Ay, sol! ¡Ay, luna, luna!
Un minuto después.
Sesenta flores grises
enredaban sus pies.

Mira cómo se mece
una vez y otra vez,
virgen de flor y rama,
en el aire de ayer.

Naranja y limón.

(¡Ay, la niña
del mal amor!)

Limón y naranja.

(¡Ay de la niña,
de la niña blanca!)

Limón.

(¡Cómo brillaba
el sol!)

Naranja.

(¡En las chinas
del agua!)

La calle de los mudos

Detrás de las inmóviles vidrieras
las muchachas juegan con sus risas.

(En los pianos vacíos,
arañas titiriteras.)

Las muchachas hablan con sus novios
agitando sus trenzas apretadas.

(Mundo del abanico,
el pañuelo y la mano.)

Los galanes replican haciendo,
alas y flores con sus capas negras.

Canciones de luna

A José F. Montesinos

La luna asoma

Cuando sale la luna
se pierden las campanas
y aparecen las sendas
impenetrables.

Cuando sale la luna,
el mar cubre la tierra
y el corazón se siente
isla en el infinito.

Nadie come naranjas
bajo la luna llena.
Es preciso comer,
fruta verde y helada.

Cuando sale la luna
de cien rostros iguales,
la moneda de plata
solloza en el bolsillo.

Dos lunas de tarde

1

(A Laurita, amiga de mi hermana)

La luna está muerta, muerta;
pero resucita en la primavera.

Cuando en la frente de los chopos
se rice el viento del sur.

Cuando den nuestros corazones
su cosecha de suspiros.

Cuando se pongan los tejados
sus sombreritos de yerba.

La luna está muerta, muerta;
pero resucita en la primavera.

2

(A Isabelita, mi hermana)

La tarde canta
una «berceuse» a las naranjas.

Mi hermanita canta:
«La tierra es una naranja».

La luna llorando dice:
«Yo quiero ser una naranja».

No puede ser, hija mía,
aunque te pongas rosada.
Ni siquiera limoncito.
¡Qué lástima!

Lunes, miércoles y viernes

Yo era.

Yo fui.

Pero no soy.

Yo era...

(¡Oh fauce maravillosa
la del ciprés y su sombra!
Ángulo de luna llena.
Ángulo de luna sola.)

Yo fui...

La luna estaba de broma
diciendo que era una rosa.

(Con una capa de viento
mi amor se arrojó a las olas.)

Pero no soy...

(Ante una vidriera rota
coso mi lírica ropa.)

Murió al amanecer

Noche de cuatro lunas
y un solo árbol,
con una sola sombra
y un solo pájaro.

Busco en mi carne las
huellas de tus labios.
El manantial besa al viento
sin tocarlo.

Llevo el No que me diste,
en la palma de la mano,
como un limón de cera
casi blanco.

Noche de cuatro lunas
y un solo árbol.
En la punta de una aguja,
está mi amor ¡girando!

Primer aniversario

La niña va por mi frente.
¡Oh, qué antiguo sentimiento!

¿De qué me sirve, pregunto,
la tinta, el papel y el verso?

Carne tuya me parece,
rojo lirio, junco fresco.

Morena de luna llena.
¿Qué quieres de mi deseo?

Segundo aniversario

La luna clava en el mar
un largo cuerno de luz.

Unicornio gris y verde,
estremecido pero extático.

El cielo flota sobre el aire
como una inmensa flor de loto.

(¡Oh, tú sola paseando
la última estancia de la noche!)

Flor

A Colin Hackforth

El magnífico sauce
de la lluvia, caía.

¡Oh la luna redonda
sobre las ramas blancas!

Eros con bastón
(1925)

(A Pepín Bello)

Susto en el comedor

Eras rosa.
Te pusiste alimonada.

¿Qué intención viste en mi mano
que casi te amenazaba?

Quise las manzanas verdes.
No las manzanas rosadas...,

alimonada...

(Grulla dormida la tarde,
puso en tierra la otra pata.)

Lucía Martínez

Lucía Martínez.
Umbría de seda roja.

Tus muslos como la tarde
van de la luz a la sombra.
Los azabaches recónditos
oscurecen tus magnolias.

Aquí estoy, Lucía Martínez.
Vengo a consumir tu boca
y arrastrarte del cabello
en madrugada de conchas.

Porque quiero, y porque puedo.
Umbría de seda roja.

La soltera en misa

Bajo el moisés del incienso,
adormecida.

Ojos de toro te miraban.
Tu rosario llovía.

Con ese traje de profunda seda,
no te muevas, Virginia.

Da los negros melones de tus pechos
al rumor de la misa.

Interior

Ni quiero ser poeta,
ni galante.
¡Sábanas blancas donde te desmayes!

No conoces el sueño
ni el resplandor del día.
Como los calamares,
ciegas desnuda en tinta de perfume.
Carmen.

Nu

Bajo la adelfa sin luna
estabas fea desnuda.

Tu carne buscó en mi mapa
el amarillo de España.

Qué fea estabas, francesa,
en lo amargo de la adelfa.

Roja y verde, eché a tu cuerpo
la capa de mi talento.

Verde y roja, roja y verde.
¡Aquí somos otra gente!

Serenata

(Homenaje a Lope de Vega)

Por las orillas del río
se está la noche mojando
y en los pechos de Lolita
se mueren de amor los ramos.

Se mueren de amor los ramos.

La noche canta desnuda
sobre los puentes de marzo.
Lolita lava su cuerpo
con agua salobre y nardos.

Se mueren de amor los ramos.

La noche de anís y plata
relumbra por los tejados.
Plata de arroyos y espejos.
Anís de tus muslos blancos.

Se mueren de amor los ramos.

En Málaga

Suntuosa Leonarda.
Carne pontifical y traje blanco,
en las barandas de «Villa Leonarda».
Expuesta a los tranvías y a los barcos.
Negros torsos bañistas oscurecen
la ribera del mar. Oscilando
–concha y loto a la vez–
viene tu culo
de Ceres en retórica de mármol.

Trasmundo

A Manuel Ángeles Ortiz

Escena

Altas torres.
Largos ríos.

HADA

Toma el anillo de bodas
que llevaron tus abuelos.
Cien manos, bajo la tierra,
lo están echando de menos.

YO

Voy a sentir en mis manos
una inmensa flor de dedos
y el símbolo del anillo.
No lo quiero.

Altas torres.
Largos ríos.

Malestar y noche

Abejaruco.
En tus árboles oscuros.
Noche de cielo balbuciente
y aire tartamudo.

Tres borrachos eternizan
sus gestos de vino y luto.
Los astros de plomo giran
sobre un pie.
                Abejaruco.
En tus árboles oscuros.

Dolor de sien oprimida
con guirnalda de minutos.
¿Y tu silencio? Los tres
borrachos cantan desnudos.

Pespunte de seda virgen
tu canción.
                    Abejaruco.
Uco uco uco uco.
                    Abejaruco.

El niño mudo

El niño busca su voz.
(La tenía el rey de los grillos.)
En una gota de agua
buscaba su voz el niño.

No la quiero para hablar;
me haré con ella un anillo
que llevará mi silencio
en su dedo pequeñito.

En una gota de agua
buscaba su voz el niño.

(La voz cautiva, a lo lejos,
se ponía un traje de grillo.)

El niño loco

Yo decía: «Tarde».
Pero no era así.
La tarde era otra cosa
que ya se había marchado.

(Y la luz encogía
sus hombros como una niña.)

«Tarde.» ¡Pero es inútil!
Ésta es falsa, ésta tiene
media luna de plomo.
La otra no vendrá nunca.

(Y la luz como la ven todos,
jugaba a la estatua con el niño loco.)

Aquélla era pequeña
y comía granadas.
Ésta es grandota y verde, yo no puedo
tomarla en brazos ni vestirla.
¿No vendrá? ¿Cómo era?

(Y la luz que se iba, dio una broma.
Separó al niño loco de su sombra.)

Desposorio

Tirad ese anillo
al agua.

(La sombra apoya sus dedos
sobre mi espalda.)

Tirad ese anillo. Tengo
más de cien años. ¡Silencio!

¡No preguntadme nada!

Tirad ese anillo
al agua.

Despedida

Si muero,
dejad el balcón abierto.

El niño come naranjas.
(Desde mi balcón lo veo.)

El segador siega el trigo.
(Desde mi balcón lo siento.)

¡Si muero,
dejad el balcón abierto!

Suicidio

(Quizá fue por no saberte la geometría.)

El jovencito se olvidaba.
Eran las diez de la mañana.

Su corazón se iba llenando
de alas rotas y flores de trapo.

Notó que ya no le quedaba,
en la boca más que una palabra.

Y al quitarse los guantes, caía,
de sus manos, suave ceniza.

Por el balcón se veía una torre.
Él se sintió balcón y torre.

Vio, sin duda, cómo le miraba
el reloj detenido en su caja.

Vio su sombra tendida y quieta,
en el blanco diván de seda.

Y el joven rígido, geométrico,
con un hacha rompió el espejo.

Al romperlo, un gran chorro de sombra,
inundó la quimérica alcoba.

Amor
(con alas y flechas)

Cancioncilla del primer deseo

En la mañana verde,
quería ser corazón.
Corazón.

Y en la tarde madura
quería ser ruiseñor.
Ruiseñor.

(Alma,
ponte color naranja.
Alma,
ponte color de amor.)

En la mañana viva,
yo quería ser yo.
Corazón.

Y en la tarde caída
quería ser mi voz.
Ruiseñor.

¡Alma,
ponte color naranja!
¡Alma,
ponte color de amor!

En el instituto y en la universidad

La primera vez
no te conocí.
La segunda, sí.

Dime
si el aire te lo dice.

Mañanita fría
yo me puse triste,
y luego me entraron
ganas de reírme.

No te conocí.
Sí me conociste.
Sí te conocí.
No me conociste.

Ahora entre los dos
se alarga impasible,
un mes, como un
biombo de días grises.

La primera vez
no te conocí.
La segunda, sí.

Madrigalillo

Cuatro granados
tiene tu huerto.

(Toma mi corazón
nuevo.)

Cuatro cipreses
tendrá tu huerto.

(Toma mi corazón
viejo.)

Sol y luna.
Luego...
¡ni corazón,
ni huerto!

Eco

Ya se ha abierto
la flor de la aurora.

(¿Recuerdas,
el fondo de la tarde?)

El nardo de la luna
derrama su olor frío.

(¿Recuerdas
la mirada de agosto?)

Idilio

A Enrique Durán

Tú querías que yo te dijera
el secreto de la primavera.

Y yo soy para el secreto
lo mismo que es el abeto.

Árbol cuyos mil deditos
señalan mil caminitos.

Nunca te diré, amor mío,
por qué corre lento el río.

Pero pondré en mi voz estancada
el rielo ceniza de tu mirada.

¡Dame vueltas, morenita!
Ten cuidado con mis hojitas.

Dame más vueltas alrededor,
jugando a la noria del amor.

¡Ay! No puedo decirte, aunque quisiera,
el secreto de la primavera.

Narciso.
Tu olor.
Y el fondo del río.

Quiero quedarme a tu vera.
Flor del amor.
Narciso.

Por tus blancos ojos cruzan
ondas y peces dormidos.
Pájaros y mariposas
japonizan en los míos.

Tú diminuto y yo grande.
Flor del amor.
Narciso.

Las ranas ¡qué listas son!
Pero no dejan tranquilo
el espejo en que se miran
tu delirio y mi delirio.

Narciso.
Mi dolor.
Y mi dolor mismo.

Granada y 1850

Desde mi ventana
oigo el surtidor.

Un dedo de parra
y un rayo de sol,
señalan hacia el sitio
de mi corazón.

Por el aire de agosto
se van las nubes. Yo,
sueño que no sueño
dentro del surtidor.

Preludio

Las alamedas se van,
pero dejan su reflejo.

Las alamedas se van,
pero nos dejan el viento.

El viento está amortajado
a lo largo bajo el cielo.

Pero ha dejado flotando
sobre los ríos, sus ecos.

El mundo de las luciérnagas
ha invadido mis recuerdos.

Y un corazón diminuto
me va brotando en los dedos.

Canciones para terminar

A Rafael Alberti

De otro modo

La hoguera pone al campo de la tarde
unas astas de ciervo enfurecido.
Todo el valle se tiende; por sus lomos,
caracolea el vientecillo.

El aire cristaliza bajo el humo.
Ojo de gato triste y amarillo.
Yo en mis ojos paseo por las ramas.
Las ramas se pasean por el río.

Llegan mis cosas esenciales.
Son estribillos de estribillos.
Entre los juncos y la baja-tarde,
¡qué raro que me llame Federico!

Canción de noviembre y abril

El cielo nublado
pone mis ojos blancos.

Yo, para darles vida,
les acerco una flor
amarilla.

No consigo turbarlos.
Siguen yertos y blancos.

(Entre mis hombros vuela
mi alma dorada y plena.)

El cielo de abril
pone mis ojos de añil.

Yo, para darles alma,
les acerco una rosa
blanca.

No consigo infundir
lo blanco en el añil.

(Entre mis hombros vuela
mi alma impasible y ciega.)

Agua, ¿dónde vas?
Riyendo voy por el río
a las orillas del mar.

Mar, ¿adónde vas?

Río arriba voy buscando
fuente donde descansar.

Chopo, y tú ¿qué harás?

No quiero decirte nada.
Yo... ¡temblar!

¿Qué deseo, qué no deseo,
por el río y por la mar?

(Cuatro pájaros sin rumbo
en el alto chopo están.)

El espejo engañoso

Verde rama exenta
de ritmo y de pájaro.

Eco de sollozo
sin dolor ni labio.
Hombre y Bosque.

Lloro
frente al mar amargo.
¡Hay en mis pupilas
dos mares cantando!

Canción inútil

Rosa futura y vena contenida,
amatista de ayer y brisa de ahora mismo,
¡quiero olvidarlas!

Hombre y pez en sus medios, bajo cosas flotantes,
esperando en el alga o en la silla su noche,
¡quiero olvidarlos!

Yo.
¡Sólo yo!
Labrando la bandeja
donde no irá mi cabeza.
¡Sólo yo!

Huerto de marzo

Mi manzano,
tiene ya sombra y pájaros.

¡Qué brinco da mi sueño
de la luna al viento!

Mi manzano,
da a lo verde sus brazos.

¡Desde marzo, cómo veo
la frente blanca de enero!

Mi manzano...
(viento bajo).

Mi manzano...
(cielo alto).

Dos marinos en la orilla

A Joaquín Amigo

1.º

Se trajo en el corazón
un pez del Mar de la China.

A veces se ve cruzar
diminuto por sus ojos.

Olvida siendo marino
los bares y las naranjas.

Mira al agua.

2.º

Tenía la lengua de jabón.
Lavó sus palabras y se calló.

Mundo plano, mar rizado,
cien estrellas y su barco.

Vio los balcones del Papa
y los pechos dorados de las cubanas.

Mira al agua.

Ansia de estatua

Rumor.
Aunque no quede más que el rumor.

Aroma.
Aunque no quede más que el aroma.

Pero arranca de mí el recuerdo
y el color de las viejas horas.

Dolor.
Frente al mágico y vivo dolor.

Batalla.
En la auténtica y sucia batalla.

¡Pero quita la gente invisible
que rodea perenne mi casa!

Canción del naranjo seco

A Carmen Morales

Leñador.
Córtame la sombra.
Líbrame del suplicio
de verme sin toronjas.

¿Por qué nací entre espejos?
El día me da vueltas.
Y la noche me copia
en todas sus estrellas.

Quiero vivir sin verme.
Y hormigas y vilanos,
soñaré que son
mis hojas y mis pájaros.

Leñador.
Córtame la sombra.
Líbrame del suplicio
de verme sin toronjas.

Canción del día que se va

¡Qué trabajo me cuesta
dejarte marchar, día!
Te vas lleno de mí,
vuelves sin conocerme.
¡Qué trabajo me cuesta
dejar sobre tu pecho
posibles realidades
de imposibles minutos!

En la tarde, un Perseo
te lima las cadenas,
y huyes sobre los montes
hiriéndote los pies.
No pueden seducirte
mi carne ni mi llanto,
ni los ríos en donde
duermes tu siesta de oro.

Desde Oriente a Occidente
llevo tu luz redonda.
Tu gran luz que sostiene
mi alma, en tensión aguda.
Desde Oriente a Occidente,
¡qué trabajo me cuesta
llevarte con tus pájaros
y tus brazos de viento!

Apéndice
(Epistolario sobre «Canciones»)

Se recogen en este apéndice fragmentos del epistolario lorquiano en los que el poeta se refiere a la génesis y publicación del libro de *Canciones*. Se han perdido o se desconocen, entre otras, las cartas a Emilio Prados, Manuel Altolaguirre, Pedro Salinas, José Moreno Villa y José Fernández Montesinos. De las últimas sabemos, por testimonio familiar, que manos temerosas las entregaron al fuego en el terrible momento del comienzo de la guerra civil en Granada, tras el asesinato del poeta. Razones históricas semejantes han concurrido en la pérdida del resto de la correspondencia aludida, en especial la dirigida a Prados. Sabemos que el gran poeta de *Jardín cerrado* o de *La circuncisión del sueño* la conservó cuidadosamente ordenada en su mesa de trabajo, en Málaga. Era el documento vivo de una amistad, pero también de una relación editorial en la gran aventura de la invención y fundación de la revista *Litoral,* que Prados y Altolaguirre dirigieron en la ciudad andaluza. Implicados los dos en la edición de *Canciones*, Primer Suplemento de *Litoral,* la correspondencia de Lorca a ellos dirigida iluminará, si algún día aparece, aquella amistad y las incidencias editoriales del momento. Sí han llegado hasta nosotros, por el contrario, algunas cartas de Prados, de Altolaguirre y de Francisco García Lorca, los tres implicados en la edición de libro.

Junto al proceso editorial, que esclarezco en las notas finales de este volumen, queda en pie el testimonio personal de Lorca sobre *Canciones* a través de sus cartas salvadas. Los fragmentos epistolares que aquí he seleccionado y ordenado sirven también de contrapunto explicativo a la reconstrucción cronológica que he intentado en mi introducción al volumen. Para la fijación de la cronología de estas cartas remito a la que he establecido en mi edición del «*Romancero gitano*» dentro de esta misma colección (1998) y, más *in extenso,* al *Espistolario completo* del poeta, ed. C. Maurer y A. A. Anderson (Madrid: Cátedra, 1997).

1926

Febrero

A Melchor Fernández Almagro.

Oculto muchos proyectos que ya te diré. Quiero publicar. Porque si ahora no lo hago, no lo hago ya nunca, y esto está mal. Pero quiero publicar bien. He trabajado en el arreglo de mis libros. Son tres. *Depuradísimos.* Las cosas que van en ellos son las que deben ir. El libro que me ha salido de canciones cortas es interesante. Como no te acuerdas de ellas, crees que *las han copiado ya.* Nada más lejos que eso. *Han salido ilesas.* ¡Pobrecitas! Pero tienen *un algo* y ese algo es lo que no se copia. Yo no le *doy todo a la música* como ciertos *poetas jóvenes.* Le doy amor a ¡la palabra! y no al sonido. Mis canciones no son de ceniza. ¡Qué útil me ha sido tenerlas guardadas! ¡Bendito sea yo! Ahora en esta revisión les he dado el *último toque* y ¡ya están! Una parte de ese libro dedico a la niña Teresita de Jorge Guillén de esta manera: «A Teresita Guillén, tocando su piano de seis notas». Todas están dedicadas a niños. En los otros libros ya dedico a mayores. A ti, a Salinas, etc., etc. He trabajado mucho. [...] Estoy seguro que ahora empieza una nueva época para mí. Quiero ser un Poeta por los cuatro costados, amanecido de poesía y muerto de poesía. Empiezo *a ver claro*. Una alta conciencia de mi obra futura se apodera de mí, y un sentimiento casi dramático de mi responsabilidad me embarga... No sé..., me parece que *voy naciendo* a unas formas y un equilibrio absolutamente definidos.

*

Febrero

A Francisco García Lorca.

He arreglado mis libros. Han salido estupendos. Tres. Tienen, cosa que yo no creía, una *rarísima unidad*. Pero he de publicarlos, los tres juntos porque se completan uno a otro y forman un conjunto poético de *primer* orden. Estoy convencido. Su aparición puede ser, y así me lo aseguran todos los amigos, que están entusiasmados con la idea, un acontecimiento *íntimo*. Yo estoy decidido a esto. He trabajado en *pulir* cosas. Las suites *arregladas* quedan deliciosas y de un lirismo profundísimo. Son tres. Un libro de Suites. Un libro de Canciones cortas, ¡el mejor! Y el poema del cante jondo con las canciones andaluzas. El romancero gitano quisiera reservarlo y hacer un libro sólo de romances.

[...] *Me siento capaz* de realizar una gran obra original y *tengo la fe* de que la haré. Necesito un secretario y un editor que tienen que salir. Yo soy capaz de crear, pero casi nulo de *realizar prácticamente* lo creado. Ahora esto que he hecho obligado por la necesidad ha sido a costa de un gran esfuerzo. Pero he disfrutado como no tienes idea. He visto *completas* cosas que antes no veía y he puesto en equilibrio poesías que cojeaban pero que tenían la cabeza de oro.

*

Febrero

A Ana María Dalí.

Yo ahora trabajo mucho. En mi primer libro te dedico una canción que no sé si será de tu agrado, pero he procurado que sea de las más bonitas. Contesta, y si tu hermano está ahí, dile que no sea gandul, que me hacen falta sus dibujos.

*

Febrero-marzo

A M. Fernández Almagro.

El asunto de mis libros está completamente resuelto. Ya te contaré cómo los voy a hacer. Quiero que salgan los tres en el mes de abril.

*

26 de octubre

A M. Fernández Almagro.

Aquí ha estado Emilio Prados (ayer se fue). Se ha llevado todos mis libros y *saldrán* cuanto antes. Te dedico uno en unión de Salinas y Guillén, mis mejores amigos. Las tres personas más encantadoras que he conocido. Dime qué te parece. ¿Salen los tres al mismo tiempo o salen distanciados? Contesta.

1926-1927

Finales o principios de año

A M. Fernández Almagro.

Estos días me aburro de una manera terrible en Granada y tengo el desconsuelo de que no me guste mi obra lo más mínimo. Todo me parece lamentable en mi poesía. En cuanto que no he expresado ni puedo expresar mi pensamiento. Hallo calidades turbias donde debiera haber luz fija y encuentro en todo una dolorosa ausencia de mi propia y verdadera persona. Así estoy. Necesito irme muy lejos.

Tú dirás que esto es un ataque, pero ataque y todo es significativo.

[...] Si yo tuviera algún pretexto serio iría a Madrid. Si no, me quedo aquí hasta Dios sabe cuándo.

1927

Enero

A Jorge Guillén.

Habrás recibido *Litoral.* Una preciosidad, ¿verdad? Pero ¿has visto qué horror mis Romances?

Tenían más de ¡*diez!* enormes erratas, y estaban completamente deshechos. [...] Emilio quedó en mandarme pruebas y no lo hizo. La mañana que recibí la Revista estuve llorando, así como suena, *llorando* de lástima. Puse un telegrama a Prados y éste se ha disgustado y echa la culpa a mis originales imposibles, etc., etc. Hoy mismo recibo todos mis originales con una *lacónica* carta rogándome los *corrija* y ponga en limpio..., pero lo curioso del caso es que están copiados a máquina. Esto casi equivale a decirme que no quiere publicarlos. No sé si se le pasará el *ataque*. Yo me dirijo a él en este momento como a un editor. Porque aunque sea el libro de Canciones quiero editarlo. Además no es *gitano*. Espero que todo se arreglará. Después de todo, si yo intento publicar es por dar gusto a unos cuantos amigos, y nada más. A mí no me interesa *ver muertos* definitivamente mis poemas..., quiero decir publicados.

[...] Ahora mismo recibo un telegrama de Emilio en el que me pregunta que voy [sic] *al fin* a publicar mis Canciones. En seguida le digo Sí (en el tono de Ors).

Este libro me gusta. Te lo dedico a ti, a Salinas, y a Melchorito [...].

En ese libro van los poemas de Teresita.

Un libro de amigos. Son 70 canciones desde 1921 a 1923. Creo que ya están depuradas. Anoche las leí todas a mi hermano. Tienen una buena atmósfera lírica. Entre ellas hay un *retrato* de Juan Ramón que empieza así:

> En el blanco infinito,
> nieve, nardo y salina,
> perdió su fantasía.

He suprimido algunas canciones rítmicas a pesar de su éxito, porque así lo quería la Claridad. Quedan las canciones ceñidas a mi cuerpo y yo *dueño* del libro. Mal poeta... ¡muy bien!, pero dueño de su mala poesía.

*

Enero

A M. Fernández Almagro.

Pronto recibirás mi primer libro. Dedicado a ti, a Salinas y Guillén. Mis tres debilidades.

[...] Mis libros ya van a salir. Para muchos serán una sorpresa. Ha circulado *demasiado* mi tópico de gitanismo, y este libro de Canciones, por ejemplo, es un esfuerzo lírico sereno, agudo, y me parece de gran poesía (en el sentido de nobleza y calidad, no de *valor*). No es un libro *gitanístico*. Estoy contento. He suprimido las canciones rítmicas a pesar de su éxito, porque quiero que todo tenga un aire alto de montaña.

Yo espero que te gustará. Lleva en la portada la constelación Lyra, tal como está en los mapas astronómicos. No digas nada a nadie hasta que el libro esté en la calle. Es mejor... tal como está mi *mito* de publicaciones.

*

Enero

A José María de Cossío.

Estos días trabajo mucho. Dentro de poco recibirá mi libro de Canciones. Yo pienso enviarle un libro para su biblioteca que lleva dibujos míos.

*

Enero

A Jorge Guillén.

Querido Jorge: Te mando estas pobres cosas. Tú *eliges* y publicas [en *Verso y Prosa*] las que quieras. Cuando las hayas publicado *me las devuelves*. ¿Querrá usted hacerlo, Guerrero? Sí. Muy bien.

Son malas cosas. A veces me desespero. Veo que no sirvo para nada. Son cosas del 21. Del 21 cuando yo era niño*. Alguna vez puede que yo exprese los extraordinarios dibujos *reales* que sueño. Ahora me faltan muchas cosas.

Estoy lejos.

Jorge, escríbeme. Dile a Teresita que le voy a contar el cuento de la gallinita con traje de cola y sombrero amarillo. El gallo tiene un sombrero muy grande para cuando llueve. Dile que le contaré el cuento de la rana que tocaba el piano y cantaba cuando le daban pasteles. Muchas cosas.

Adiós. Un abrazo de

FEDERICO
(último poeta del mundo
pero amigo tuyo)

12 de febrero

A Ramón Pérez de Roda.

Hoy empiezo a recibir pruebas de mi libro de Canciones. Esto ya es un hecho. Olvidemos, pues, todas las canciones, ya que pasan a otros ojos y a otras fuentes.

*

* No toda la serie de poemas aludida es de 1921. Se publicó, a página entera, en el núm. 4 de *Verso y Prosa* (Murcia, abril 1927), ilustrada por un dibujo de Salvador Dalí: «La playa». Incluye unas «Viñetas flamencas», de *Poema del cante jondo,* cuatro canciones que carecen de título global («Cazador», «El niño mudo», «Murió al amanecer», «Canción de noviembre y abril») y unos «Remansos», que pasarían a *Primeras canciones.* El subtítulo de los últimos –«(Diferencias)»– parece apuntar a las *Suites* o *Libro de las diferencias.*

Febrero

A Guillermo de Torre.

Corrijo pruebas de mis libros y paso horas enteras sobre una canción hasta dejarla como *ella quiere estar.*

*

14 de febrero

A Jorge Guillén.

Ya están *gimiendo* las prensas con mi libro de Canciones. Libro de sorpresa para muchos y de alegría para pocos. A Teresita le dedico la canción del lagarto y la lagarta, porque se reirá bastante de verlos llorar (¡los pobres!).

Yo sé que tú tendrás ese libro en tu casa con cariño. Por eso lo publico. Mis amigos lo recibirán de una manera que me conmueve verdaderamente. Aquí en Granada todos los muchachos están preparando una fiesta para el día en que llegue el libro, en la que habrá música y danzas. Pocos libros son recibidos de esta manera. Pero en el fondo creo que no reciben a mi poesía... me reciben a mí.

He pasado verdadera angustia ordenando las canciones, pero ¡ya están! Estoy seguro. El libro, malo o bueno, es *noble* por los cuatro costados.

1929

A Carlos Morla Lynch.

Seguramente habrás leído la segunda edición de mis Canciones con la dedicatoria a tu inolvidable niña [Colomba Morla Vicuña]. Han sido estos renglones impresos un cordón que me une a ti ya para siempre.

Notas al texto

He seguido para la fijación del texto de *Canciones* la edición príncipe del libro (Málaga, Litoral, Primer suplemento, Imprenta Sur, 1927), atendiendo, no obstante, a las correcciones y añadidos que en muy escaso número aparecen en la segunda edición (Madrid, Revista de Occidente, 1929). Tras el cotejo de las dos ediciones cabe sospechar que García Lorca entregó a Revista de Occidente un ejemplar de la primera edición, en el que debió añadir de su mano las dedicatorias nuevas que había decidido introducir, más una o dos correcciones, como la del verso último del soneto «Largo espectro de plata conmovida». Mas la revisión del libro, acaso realizada en el mismo año 29, antes del viaje a Nueva York, debió ser hecha de un modo expeditivo, sin ninguna conciencia de actuar, a lo Juan Ramón Jiménez, sobre poemas propios para ser «revividos». Siguiendo su costumbre y actitud, una vez publicado el libro –o simplemente en pruebas de imprenta, como comentará en carta R. Pérez Roda–, García Lorca empieza a sentir sus poemas como entregados a otros ojos, muertos de algún modo para él.

Revista de Occidente, descontando la excepción que hace la regla, sigue fielmente a Litoral, tanto en puntuación como en el mantenimiento de alguna errata pertinaz. La consulta de autógrafos que se han publicado en facsímil o de los poemas sueltos que aparecieron en revistas de la época sirve de contrapunto para la resolución de los casos dudosos, aquellos en los que las dos ediciones se han mantenido en el error. Tienen especial valor las versiones iniciales de algunas canciones enviadas por el poeta a sus amigos, como las que incluye A. Gallego Morell en su edición *Cartas, postales, poemas y dibujos* (Madrid, 1968). No siempre está claro, sin embargo, que los poemas transcritos acompañen a la carta en la que se incluyen. De ahí la razonable prudencia a la que me he atenido antes de fundir el contenido y fechas de determinados poemas y cartas. Agradezco, en este sentido, las observaciones que me ha hecho Christopher Maurer, así como la cesión de fotocopias de varios de los originales de las cartas y poemas en litigio. He tenido también en cuenta las notas textuales de Arturo del Hoyo en el segundo tomo de las *Obras completas* de Aguilar (Madrid, 20 ed., 1977, págs. 1466-1468), así como las más sucintas de Miguel García-Posada en su edición de *Obras I. Poesía, 1* (Madrid: Akal, 1980, págs. 556-557). Al año siguiente aparecía, como volumen 6 de la serie *Obras de F. G. L.* (Madrid: Alianza), mi primera edición de este libro. García-Posada reimprimía en 1982 la suya, sin mención alguna de mi trabajo en sus renovadas notas textuales. No tendría este dato importancia, pero sí es atendible la torpe tergiversación de esta cronología menor en F. G. L., *Obras completas, I. Poesía*, ed. M. García-Posada (Barcelona: Círculo de Lectores, 1996, pág. 909).

Para esta segunda edición de *Canciones* en esta editorial, revisión de la que fijé en 1981, tengo en cuenta la edición crítica de Piero Menarini en F. G. L., *Canciones y Primeras canciones*, Madrid: Espasa-Calpe, 1986. Este editor repitió el cotejo de las ediciones de Litoral y Revista de Occidente, sin aportar, en ese terreno, novedades apreciables. El valor de su edición radicaba en otro punto: el uso de los manuscritos conservados en el archivo de la Fundación Federico García Lorca. Gracias a ello, pudo salvar dos o tres erratas más y anotó en su aparato crítico las variantes de esos manuscritos, incluidas las tachaduras. Al ser una gran parte de ellos borradores, la anotación ilustra la génesis de los poemas, la constitución del libro y el acierto o tino del poeta en sus correcciones y supresiones. Al mismo tiempo, esos manuscritos nos dan, de modo casi completo, una cronología de los poemas del libro.

No he tenido en cuenta, si no es de modo parcial, el «Apéndice de *Canciones* (1920-1925)» que Menarini añade. Si partimos del primer año nos encontramos con poemas que ni son canciones ni fueron pensadas como tales. Se plantea, además, otro problema, mas allá de esa edición: ¿resulta defendible añadir poemas al corpus del poeta a costa de materiales que él desechó y que a veces no han sido suficientemente cribados? Así ocurre con la «Canción del alma en acecho» que Menarini reproduce, cuando en realidad es el germen de un soneto que quedó fuera de *Canciones*: «El viento explora cautelosamente». Aunque los apéndices marcan una justificada presencia marginal de los textos reproducidos, la posterior inclusión de algunos esbozos de poemas en series de Obras Completas constituye un flaco favor a la memoria del poeta. El problema no es sencillo, sobre todo ante los diversos intentos de reconstrucción de las *suites,* que Lorca dejó inéditas a su muerte. Es claro, sin embargo, que ciertos borradores, justificadamente rescatados, han sido elevados después a un trono impropio, acaso para confusión de lectores desprevenidos.

El entrelazamiento cronológico de las series que el poeta llamó *suites* con las «canciones» exige un deslindamiento previo, que diversos «editores», desde André Belamich, han ido realizando. El problema consistía en reconstruir ese mosaico inestable que son las *Suites,* de cuya técnica de composición brota el *Poema del cante jondo* como conjunto diferenciado. Menarini ha contribuido a clarificar su posterior cruce con *Canciones,* bien por los datos que extrae de los manuscritos, bien por la edición en apéndice de originales de *suites* de los que se desgajaron «canciones». A la inversa: ciertas canciones fueron escritas en secuencia, juego de variaciones que continúa el de las *suites.* Es el poeta quien decide la adscripción de un poema a un libro u otro, sobre fronteras que se confunden. Puede verse en Menarini la edición de la *suite* incompleta «Recreo del niño loco y el pájaro sin nido» y la del «poema» «Los cuatro viejos marineros». De la primera brota «El niño loco»; de la segunda, «Dos marinos en la orilla»: tres canciones en total. Conviene, no obstante, clarificar una palabra. Repito lo que ya he escrito en otros lugares. Durante una larga etapa de su vida Lorca escribió «poemas», pero, cuando él usa este término, puede estar diferenciando (no quiere decir que siempre) «poesía», en cuanto 'composición única', de «poema», en cuanto 'secuencia unitaria de poesías'. La distinción está clara en Unamuno: *Poesías* (1907) y *El Cristo de Velázquez,* con el subtítulo aclaratorio de *Poema* (1920). De ahí a *Poema del cante jondo* (1931) el tránsito es claro, pero en la correspondencia de Lorca hay muchos otros «poemas» aludidos, equivalentes, por ejemplo, a una *suite.* Véase, entre otros, el caso de «El lagarto está llorando» *(Canciones)* y «Cuatro baladas amarillas» *(Primeras canciones),* que intento clarificar más adelante.

A la luz de las noticias aportadas en su aparato crítico por Menarini y de un replanteamiento del criterio de edición, he revisado mi trabajo anterior y modificado algunas conclusiones. Mantengo y amplío algunos criterios que ya sostuve. Por de pronto, he normalizado la grafía de algunas palabras de acuerdo con los usos correctos o actuales. Atendiendo al texto impreso, he corregido las palabras siguientes: *obscuro: oscuro; tío-vivo: tiovivo; nochebuena: Nochebuena.* He adoptado también minúscula para los nombres de los meses. La costumbre de época persiste hoy para algunas personas, sobre todo por el influjo creciente del inglés, pero ya *Verso y Prosa* (véase «Canción de noviembre y abril») regularizó el uso del poeta, que no ha de interpretarse como un subrayado con valor estilístico. Del mismo modo, introduzco comas en las exclamaciones después de «ay», aislado o con vocativo, estén o no en los manuscritos del poeta. De nuevo tropezamos con un uso simplemente incorrecto. Para señalar intervención de diálogo entrecomillo verso o versos no marcados con comillas. Sigo en esto al propio poeta, pero extendiéndolo a todos los casos, no a unos pocos. En términos generales sigo respetando la puntuación, a veces insólita, de Litoral y Revista de Occidente, pero he introducido cambios cuando he juzgado que tenía apoyo para ello; por ejemplo, ante dos manuscritos coincidentes o ante una copia autógrafa en limpio con suficiente autoridad. La necesidad de la corrección parece obligada en casos de confusión de sentido por puntuación defectuosa, máxime cuando documentos del propio poeta lo avalan.

En sus manuscritos Lorca incurre en errores ortográficos, lo que incluye ausencia de acentuación en un porcentaje altísimo de casos obligados; a su vez, puntúa de modo personal, de espaldas a la norma o costumbre culta, de ayer y de hoy. Estas peculiaridades pueden contribuir a la dificultad de lectura y comprensión de sus autógrafos, sobre todo cuando no son copias en limpio, de letra más cuidada. El hecho influyó en la edición de sus textos, con consecuencias seguramente indeseadas para la recta comprensión de su poesía. Véase, entre otros, el ejemplo de «Ribereñas» en este libro.

Hay casos particulares. En manuscritos de *Canciones* Lorca escribe *tío vivo* (por *tiovivo*) o *ginete* (por *jinete*). Su *ginete,* también en manuscritos del *Romancero* o posteriores, procede del modo en que habría visto impresa la palabra en textos de finales del xix o de comienzos del xx, en los que pervivía la grafía antigua tal como la sustentaba, por ejemplo, el *Diccionario de Autoridades*. Salvo en casos excepcionales, las ediciones hechas en vida del poeta corrigieron ese arcaísmo ortográfico. Otro tipo de solución: la edición Litoral interpretó *tío vivo* imprimiendo *tío-vivo*, lo que copiaría Revista de Occidente. El equívoco y humorismo involuntario de cualquiera de las dos anómalas soluciones hace evidente la necesidad de corrección, pese a que *tío-vivo* se perpetuó en la edición Aguilar y ha sido defendido por Piero Menarini en su edición crítica. La escritura de Lorca daba lugar a versos como los siguientes, que él tacharía de un borrador: «En el tío vivo de los puertos / suben y bajan los marineros». Es obvio que no quería decir lo que escribió.

Al hablar del establecimiento de un texto crítico para casos como el descrito, el sentido común no necesita acudir a recónditas razones filológicas: si posibles errores ortográficos han saltado a las ediciones autorizadas del poeta, por descuido suyo o de sus editores, parece claro que han de ser subsanados. Estos errores pueden ser de otra índole, por lo que se entra en terrenos más resbaladizos en orden a la intervención del editor moderno. Antes de cualquier decisión ha de tenerse en cuenta el peculiar proceso de edición de los libros del poeta, en los que intervenían una serie de mediadores superior a lo que ha sido usual. Y es que el camino hasta el texto impreso adquiría en Lorca una especial complejidad, dada su confesada incapacidad para preparar un original para su impresión. Algunos de los puntos que aquí toco los expuse ya al fin de la edición del *Libro de poemas* (Madrid, Alianza, 1984, págs. 243-247), con aspectos que afectan a la edición de la poesía lorquiana en general. Conviene concentrarse, pues, en *Canciones*.

El proceso de la relación con Prados y de los proyectos editoriales entonces implicados, con la inclusión de *Canciones,* puede seguirse en la introducción a este volumen y en la reconstrucción minuciosa que he realizado en la «Cronología» del *Romancero gitano* (Madrid: Alianza, 1998). Allí doy cuenta de la confusa suma de fuentes y contribuciones que han ido clarificando ese período. Ahorro, pues, repetir referencias bibliográficas para una etapa en la que se mezclan libros terminados y nuevos ciclos o proyectos. No obstante, sí remito a dos fuentes esenciales: Christopher Maurer, «De la correspondencia de G. L.: datos inéditos sobre la transmisión de su obra», *Boletín de la Fundación FGL,* 1 (1987), págs. 58-85; y Roger Tinnell-Roberto Carlos Manteiga, «Epistolario de E. Prados a F. G. L.», *Ibídem,* 21-22 (1997), págs. 25-72. El apéndice epistolar de este mismo volumen completa los testimonios directos que nos han llegado.

Emilio Prados, editor con Manuel Altolaguirre de la revista y suplementos de Litoral, se encargó personalmente de todas las gestiones para la edición. Tras una visita a Granada (octubre de 1926) se lleva a Málaga tres libros inéditos de Lorca para los suplementos de la revista (que aún no había aparecido): *Poema del cante jondo, Suites* y *Canciones.* El alegre botín que obtuvo estaba constituido por «los papeles» del poeta amigo, con originales a veces llenos de tachaduras y correcciones superpuestas. Lorca había apartado y corregido sus canciones para el tercer libro, pero no había copiado en limpio todos los poemas. Sobre el borrador inextricable de «Mi niña se fue a la mar» añade de su mano: «De esta canción tienes un original» (ed. Menarini, pág. 113). Lo más probable es que la anotación fuera dirigida a Prados, que no tendría siempre «originales» diferentes, es decir, copias en limpio o manuscritos simplemente legibles. En un momento de enfado Prados le escribirá: «Estoy neurasténico de traducirte del chino».

El poeta malagueño hace al fin una copia mecanográfica de aquellos papeles; con seguridad, de *Suites* y *Canciones.* En noviembre de 1926 le envía a Lorca por correo «una de las copias del libro de canciones», según le escribe; otra se la queda para la edición del libro, pues, dudoso sobre la corrección y pronta devolución del apógrafo, añade: «Como te conozco, tengo que prepararme» (C. Maurer, pág. 68.) La frase, como se deduce del contexto, es de reprimenda amistosa, pero refleja la dudosa fiabilidad del granadino para cumplir con los requisitos o formalidades de una publicación. Luego vendrá el famoso enfado de Lorca por la edición de tres de sus romances en el número primero de *Litoral* (de noviembre de 1926). De creer a Prados, los errores o erratas con que aparecieron los romances se basaron en los mismos autógrafos cedidos por el autor. El poeta malagueño, dispuesto a acabar con aquellos problemas, resuelve entonces volver al punto de partida: «Como hemos de imprimir todo lo tuyo, y para evitar estas cosas, te enviamos hoy por correo todo tu original. Corrígelo definitivamente y con toda claridad, a máquina, en copia última, y devuélvenoslo» (R. Tinnell, págs. 59-60.)

Como se deduce, ese original completo estaba constituido por los autógrafos de los tres libros. Aunque Prados explica que Alberti y otros autores se han tomado ese trabajo sin ningún problema, Lorca interpretará (en quejas epistolares a Guillén) que en Málaga rechazan la edición de sus libros. Lo que sucede después está dictado por los astros particulares del poeta granadino. Lorca tiene ahora en su poder todos los manuscritos, más una copia mecanográfica, sin duda defectuosa, de *Canciones.* De ahí nacería seguramente la edición, postergada *sine die* la corrección y puesta en limpio de los otros dos libros, uno de los cuales, *Suites,* quedará inédito para siempre en versión del autor. La edición del *Poema del cante jondo* (1931) repetirá de nuevo el mismo proceso varios años después, pero ya con otro mediador, Rafael Martínez Nadal. Este nuevo «editor», que inaugura su colaboración con la puesta en limpio del *Romancero gitano* (1928), reside entonces en la misma ciudad que el poeta, Madrid, y consultas y decisiones no sufren las demoras, lagunas y silencios de las comunicaciones por correo.

El apógrafo de *Canciones* se ha perdido, sin duda porque fue la fuente para la edición del libro. Sobre él debió trabajar el poeta, introduciendo nuevas correcciones. En enero de 1927 le cuenta a Guillén que las canciones están ya «depuradas». No sabemos si esa «depuración» –término juanramoniano– corresponde a una etapa anterior o es obra de aquellos mismos días, revisión que se realiza a la vista de l os poemas en limpio. En todo caso, Lorca cuenta que se los ha leído a su hermano y que está satisfecho, pues «tienen una buena atmósfera lírica». Aparentemente el libro está cerrado. Sorprende, sin embargo, un dato de la misma carta: son, dice, 70 canciones, pero el hecho es que el libro tendrá en realidad 90, divididas en once secciones.

Se desprende de esta afirmación que hubo una etapa última, en la que el libro fue corregido y ampliado hasta llegar a la estructura que conocemos. De suyo los plurales poemas que el poeta nombraba a primeros de año como dedicados a

la hija de Guillén («En ese libro van los poemas de Teresita»)
se restringirán, segun he advertido, a una sola canción, la
celebérrima de los lagartos: «A Teresita le dedico la canción
del lagarto y la lagarta, porque se reirá bastante de verlos llo-
rar (¡los pobres!)» (14-II-1927). Los «poemas» primeros
pudieron constituir una sección completa, acaso la de «Can-
ciones para niños», si es que no implicaban una sección fi-
nalmente apartada del conjunto. Fuere como fuere, la refe-
rencia cambiante es clara muestra de la revisión y probable
ampliación del libro.

De ahí que Lorca retrasara el envío de su original defini-
tivo. Este estaría constituido por poemas mecanografiados,
de la copia recibida, más otros probablemente manuscritos,
bien porque fueran nuevos o bien porque la suma de co-
rrecciones así lo exigiera. En la segunda mitad de enero de-
bió hacer el envío a Málaga de su original para la edición. A
mediados de febrero tenemos noticias de la recepción de
pruebas por parte de Lorca. Lo sabemos por dos menciones
epistolares; la primera, a un amigo granadino, Ramon Pé-
rez de Roda; la segunda, a Guillermo de Torre, director en
Madrid de *La Gaceta Literaria*. A pesar del trabajo cuidado-
so del poeta, tal como él mismo lo describe, su corrección
no se circunscribió más que a una parte del libro, según
cabe deducir.

Las limitaciones de la imprenta malagueña imponían un
trabajo escalonado. Al tratarse de una modesta imprenta
manual, con tipos móviles limitados, la fijación de un libro
(las «formas» para su impresión) inmovilizaba un número
elevado de dichos tipos, lo que amenazaba con la paraliza-
ción del trabajo general. De ahí que compusieran por par-
tes, seguramente por pliegos. La devolución de las pruebas
corregidas permitiría la impresión del pliego compuesto,
con la consiguiente reutilización de los tipos anteriormente
empleados. Cuando sucede el calificado por Lorca como
«horror» de sus romances en *Litoral,* Prados se disculpa de
este modo: «La falta de material de cajas nos imposibilita

enviar pruebas» (R. Tinnell, pág. 59). Eso sucedía con un número menor de poemas, es decir, con entregas para la revista. Para un libro sí enviaban pruebas, pero por remesas parciales. Como un año después, en junio de 1928, confiesa Vicente Aleixandre a Juan Guerrero Ruiz: «Ya he terminado de corregir las pruebas de mi *Ámbito,* cosa laboriosa, no por mí, sino por los amigos malagueños, que me las han ido sirviendo con cuentagotas» (en Gabriele Morelli, ed., *De V. A. a J. G. R. y a J. Guillén. Epistolario,* Madrid: Caballo Griego, 1998, pág. 48.)

A fines de marzo de 1927 Lorca se desplaza a Madrid para concretar el estreno de *Mariana Pineda,* que tendrá lugar en Barcelona en el mismo año. Con este motivo pasa en la capital la primera quincena de abril. Es entonces cuando Manuel Altolaguirre le envía de nuevo pruebas del libro con una carta acompañante. La comienza con una broma amistosa a cuenta de un conocido trabalenguas: «Federico (pico): Las pruebas de tu libro. Envíalas a vuelta de correo. Estamos deseando terminar la edición de *Canciones.* Hay mucha impaciencia por conocerla. Pero no tenemos letras bastantes y nos pasa esto» (C. Maurer, pág. 69). Aunque desconocemos la fecha de esas líneas, sí sabemos quién las contestó: Francisco García Lorca, ausente su hermano de Granada. Será, pues, Francisco quien se encargue de la corrección y devolución de las pruebas que faltaban. Existe, en efecto, una carta sin datar de Francisco a su hermano, de la que dejé constancia en mi prólogo al libro del primero *(Federico y su mundo,* Madrid: Alianza, 1980, pág. XXIV). En esa carta, hoy extraviada, Francisco cuenta a su hermano el trabajo que había realizado. Por lo que recuerdo de aquellas líneas, decide suprimir signos de admiración en algunos poemas, pues considera excesiva su abundancia. Algunas de estas correcciones, no sé si extensivas al uso de paréntesis, afectaron a «Naranja y limón», poema que, según mi memoria, Francisco citaba en su carta.

El largo proceso descrito puede explicar tanto el cuidado como parte de las anomalías que afectan a la edición Litoral, modelo de la de Revista de Occidente. Las segundas atañen en especial a la puntuación, que enturbia la comprensión de algunos versos, aunque no siempre y en todos los casos ha de serle atribuida al autor. Puesto que he tratado estos problemas en sendas ediciones del *Romancero* y del *Libro de poemas,* no insisto en ellos. No obstante, la edición Litoral fue en esencia obra de dos grandes poetas: Lorca y Prados, asistidos en segundo término por Manuel Altolaguirre y Francisco García Lorca. Pese a ciertas libertades, la edición estaba cuidada con ingenio, belleza tipográfica y afinado sentido poético. La novedosa solución en el uso de blancos, seguramente marcada por Lorca, promueve una visualización y lectura de las canciones que es importante salvar. Lo hice en mi edición anterior. Lo cuido de nuevo ahora, pese a ser un aspecto desatendido por los editores modernos. Otra solución original es el modo en que se imprimieron las «sombras» de «Tres retratos con sombra», echando mano de un cuerpo menor, o la doble columna en «Narciso». Son soluciones tipográficas que implican una decisión poética, fuera debida a Lorca o a Prados, o al concurso de los dos.

En las notas textuales que he establecido, recojo los datos nuevos de la ed. de P. Menarini: manuscritos, cronología, tachaduras significativas y textos desechados que guardan relación con el poema concreto. Sólo indico procedencia de ms. cuando no es de la Fundación FGL. Adopto las siglas siguientes: L (Litoral), RO (Revista de Occidente), M (edición de Piero Menarini); FFGL (Fundación Federico García Lorca); EDC (Enrique Díez-Canedo); EC (FGL, *Epistolario completo,* ed. Christopher Maurer y Andrew A. Anderson, Madrid: Cátedra, 1997). He tenido también en cuenta la excelente anotación de C. Maurer, ed., en FGL, *The Poetical Works of F. G. L. II, Collected Poems,* New York: Farrar Strauss Giroux, 1988, págs. 814-823. Cito este libro bajo las siglas *CP.* Mis notas, aunque dirigidas a datos y problemas textuales, incluyen aspectos literarios que pueden ser de alguna utilidad al lector.

Dedicatoria del libro (pág. 22)

Melchorito L : *Melchor* RO. Corrijo, de acuerdo con el poeta y con M.

Canción de las siete doncellas (pág. 25)

Ms. sin fecha; dos cuartillas; M, págs. 63-65. En su primera hoja el poeta tacha un poema, «El día eterno», que habría merecido revisión y rescate:

Los campos se han puesto / caparazón de espejos. // Nuestra doble figura / gira sobre la luna. // La luz va turbia y loca / sin encontrar la sombra.

El subtítulo del poema, «(Teoría del arco iris)», es necesario para que el poema se entienda, personificados los colores en «doncellas», pero Lorca no traza una teoría especulativa, como interpreta P. Menarini. El subtítulo se ajusta al título de la sección, «Teorías», que recubre catorce canciones. La palabra «teoría», de origen griego, ha de entenderse bajo una de sus acepciones: «procesión religiosa entre los antiguos griegos» (DRAE). Este sentido, en desuso hoy, coincide con el significado del término en los textos modernistas, sobre todo en Rubén Darío, quien debió ponerlo en circulación. En esas catorce teorías lorquianas predomina el sentido de procesión, proceso o tránsito, con especial sometimiento de seres y cosas (colores, aire, días, meses, palomas, horas, Arlequín o árboles) al paso del tiempo y a su consumación en la muerte.

Nocturno esquemático (pág. 26)

Ms.: 21 de julio, 1924; M, pág. 66. Lorca lo copia en carta a Melchor Fernández Almagro, a fines del mismo mes y año

(EC, págs. 242-243 y n. 717). En la copia epistolar va prece-
dido de «Venus» y «La mar no tiene naranjas» (es decir,
«Adelina de paseo», sin título aún). Los tres poemas pasa-
rían a *Canciones.* Esta versión del «Nocturno» se ofrece
con una sola variante de puntuación en el v. 3: *Aire, tierra y
soledad...*

La canción del colegial (págs. 27-28)

Dos mss., FFGL y EDC; M, págs. 67-68. Adopto la versión
coincidente de los mss. L y RO suprimen todos los paréntesis
menos el último; añaden también comas en los vv. 13 y 16. Esta
segunda coma cambia el sentido: *(Nuestro amor se pone, /
amarillo.)* La coincidente versión manuscrita es de una supe-
rior coherencia, poética y gráfica. Para el juego de los parénte-
sis, comp. «Canción con movimiento» o «Cortaron tres árbo-
les», donde sí se conservaron.

Canción con movimiento (págs. 33-34)

Ms. sin fecha; M, págs. 74-75. El poema va precedido en el ms.
por otra canción independiente, no tachada y sin título:

*(Dos viejas cigarras cantan / en el trigo tembloroso.) // Oro. //
(La rana canta / a la luna en el agua.) // Plata.*

Friso (pág. 36)

Enviado a José de Ciria y Escalante en agosto de 1923 como parte
de una *suite* –«mi jardín extrañísimo de toronjas de luna»–, de la
que se desprenderá. Allí aparece sin título, salvo el de sus dos
partes. El poemita, en *EC,* pág. 204, pero mencionado de nuevo,
por error, en pág. 241 n.. Sigo manteniendo la rayita separadora,
que Menarini omite y no menciona en su aparato crítico.

Cazador (pág. 37)

Canción publicada, ya en su versión definitiva, en *Verso y Prosa*, 4 (Murcia, abril 1927), pág. 1. El poema le fue enviado a J. Guillén, dentro de una serie que describo en nota a la carta correspondiente *(Apéndice)*. Guillén no devolvió, como Lorca le pedía, el original manuscrito, conservado hoy, bajo la rúbrica «Papers of Jorge Guillén», en la Houghton Library (Harvard University). El poema presenta allí un número tachado, «V», posible indicación de su pertenencia original a una *suite*. De hecho, el poema parece escrito en agosto de 1922. (Sigo los datos de C. Maurer, *CP,* pág. 816; la transcripción del autógrafo, en *EC,* págs. 441-442.) En 1934 Lorca copia el poema en el álbum de María Luisa Díez-Canedo, hija del poeta y crítico, ilustrándolo con una media luna al pie, junto a su firma. Añade ciudad, año y lugar del autógrafo: Montevideo, 1934, Legación de España. Presenta variantes menores de puntuación. En M. Hernandez, *Libro de los dibujos de F. G. L.,* Madrid: Tabapress, 1990, pág. 258.

Fábula (pág. 38)

C. Maurer señala 1921 como fecha hipotética del poema *(CP,* pág. 816). El mismo crítico señala una clara huella de Rubén Darío sobre los vv. 6-7. En «Sinfonía en gris mayor», de *Prosas profanas,* escribe Darío: «El mar como un vasto cristal azogado / refleja la lámina de un cielo de zinc».

[Agosto] (pág. 39)

En el *Boletín del Centro Artístico de Granada,* sept., 1924, bajo el título de «Cancioncilla»; M, pág. 81. Menarini utiliza también la transcripción de un autógrafo del poema, regalado por el poeta a José María de Sagarra en 1925; en Antonina Rodrigo, *G. L. en Cataluña,* Barcelona: Planeta, 1975, pág. 58; de la misma autora, en *G. L., el amigo de Cataluña,* Barcelona: Edhasa, 1984, pág. 39, pero de nuevo sin reproducción del ms.

Arlequín (pág. 40)

Una copia autógrafa, con la fecha «1923», ha sido reproducida por A. Rodrigo *(G. L. en Cataluña,* pág. 400). Todas las iniciales de verso van en mayuscula, así como la palabra «Sol». De acuerdo con este ms. y con M (pág. 82), añado coma al fin del v. 3.

Cortaron tres árboles (pág. 41)

Ms. sin fecha; M, pág. 83. Mantengo, frente a este editor, los blancos de L y RO. En su manuscrito Lorca agrupa los versos en dísticos; al carecer de comentario entre paréntesis el v. 5, el poeta pudo optar por una presentación distinta de su poema.

NOCTURNOS DE LA VENTANA (págs. 43-49)

Una versión inicial de las cuatro canciones ha sido reproducida en facsímil en *Surtidores. Algunas poesías inéditas de F. G. L.,* presentación de Paul Rogers, México, 1957, págs. 48-57. Los poemas están numerados en romanos, a excepción del primero, que el poeta olvidó marcar. Dadas las importantes variantes respecto a *Canciones,* transcribo íntegramente la versión del autógrafo para dos de los poemas, con sus mismas anomalías de puntuación. La doble barrita indica presencia de blanco.

[I]

Alta va la luna / Bajo corre el viento // Mis largas miradas / exploran el cielo // Luna sobre el agua / Techada de viento // (Baja va la luna / Alto corre el viento) // En mis ojos duermen / Los blancos cerezos // Las voces de dos niñas / venían. Sin esfuerzo / de la luna del agua / me fui a la del cielo

II

Litoral sigue la versión de *Surtidores,* si no es en la puntuación del último verso: «por el reloj, pasaban...» Una viñeta (ventana con cortinas plegadas y maceta) cierra esta hoja del autógrafo.

IV

Al estanque se le ha muerto / hoy una hija de agua / Está fuera del estanque / sobre el suelo amortajada // Seis estrellas la lloran / Seis estrellas la guardan // De la cabeza a sus muslos / un pez la cruza llamándola / El viento le dice «Niña» / mas no puede despertarla. // Seis estrellas la lloran / Seis estrellas la guardan
      [Dibujo de un pez, como si separara en dos partes el poema]
      El estanque tiene suelta / su cabellera de algas. / Y al aire sus grandes pechos / estremecidos de ranas // «Dios te salve» rezaremos / a nuestra señora de Agua / Por la hija del estanque / Muerta bajo las manzanas // Las seis estrellas las seis / se irán en la madrugada // ... Y luego pondré a su lado / dos pequeñas calabazas / para que se tenga a flote / sobre la mar salada. // Las seis estrellas se irán / en el río de la mañana
      [Dibujo de dos cestos de flores bajo los que consta el lugar de composición y la fecha] *Residencia de Estudiantes – 7 de Mayo 1923.*

De acuerdo con este autógrafo he corregido la errata del verso 8 en Litoral y Revista de Occidente –«mas no pueden despertarla»– y modificado la lectura del v. 13, que en las dos ediciones se transcribe como «Dios te salve. Rezaremos», lo que implica un evidente cambio o confusión de sentido. Ha admitido la primera corrección Menarini (pág. 91), pero no la segunda. Insisto, sin embargo, en ella. Lorca cita el comienzo del «Ave, María» como propuesta de rezo. La puntuación de L y RO altera el sentido. Viene en apoyo de esta corrección el segundo ms. citado por Menarini, de la colección EDC, copia en limpio de la versión corregida, donde se lee: *Dios te salve... rezaremos.* En 4, v. 7, dice el ms. primero: *El viento le dice «Niña».* Según norma general adoptada, regularizo este verso: *El viento le dice: «Niña».*

CANCIONES PARA NIÑOS (págs. 51-61).

Esta sección carecía de dedicatoria en la primera edición. Fue incorporada en la segunda, pág. 35, tal como comenta el poeta en carta a Carlos Morla Lynch.

Canción china en Europa (pág. 53)

Ms. con fecha: 17 de noviembre, 1926; borrador; M, págs. 95-96. Lorca tacha en su ms. cuatro primeros versos, encabezados por un «I»: *Estrellas y faisanes / en el arbolé cristalino del aire. // En la puerta de mi amigo / abren las señoritas sus abanicos.* Como recuerda C. Maurer *(CP, pág. 816),* el poema fue traducido al inglés en vida de Lorca y publicado en una de las revistas generacionales. «Chinese Song in Europe», en versión de Stanley Richardson, apareció en una de las revistas de Manuel Altolaguirre: *«1616» (English & Spanish Poetry),* VIII (Londres, 1935), págs. 162-163.

Cancioncilla sevillana (pág. 55)

Ejemplo, para Daniel Devoto, de poemas lorquianos en los que se integran varias canciones tradicionales. La variante dialectal «naranjel» figura en una canción asturiana que repercute en otro poema de Lorca (véase «En el soto», *infra*), pero su popularidad mayor procede quizá del romance sacro tradicional de la Virgen y el ciego, extendido por toda España: un ciego permite que la Virgen coja fruta de «un rico naranjel» para el Niño, que tenía sed; en recompensa el ciego recobra la vista. El cantar de la niña Isabel es cabeza de glosa en un célebre romancillo de Góngora, y aparece después en otros autores del Siglo de Oro. Finalmente, oro-moro, mujer-oropel juega con conocidas rimas infantiles. *Vid.* D. D., «Notas sobre el elemento tradicional en la obra de G. L.», en *F. G. L.*, ed. I.-M. Gil, Madrid: Taurus, 1973, págs. 151-164.

Caracola (pág. 56)

L y RO imprimen un 2 bajo el título. Lo mantuve en la primera edición de este volumen, pero no parece que tenga sentido. ¿Se suprimió en pruebas una canción previa, numerada como primera? M. García-Posada reprodujo un manuscrito (F. G. L., *Poesía*, 1, 1982, pág. 517) de «una fotografía en los archivos de don Francisco Giner» de los Ríos (pág. 612); Menarini interpreta «copia en limpio, autógrafa», «en los archivos familiares de Enrique Díez-Canedo». Se trata, en efecto, de una fotografía, pero de una hoja del álbum que fue de Natalia Jiménez, hija de Alberto Jiménez Fraud, director de la Residencia de Estudiantes, a quien la canción va dedicada. En este ms., con la fecha de 1926, los vv. 2-7 van entre paréntesis.

[El lagarto está llorando] (págs. 57-58).

Ms. sin fecha; en M, pág. 100, que lo sitúa hipotéticamente en 1923. Christopher Maurer menciona un ms. (¿el mismo?) fechado en noviembre, 1925. El poema habría sido corregido y dedicado en 1926. *(Vid. CP,* en pág. 817, nota para este poema y para «Canción tonta».) Corrijo, con RO, la errata de la dedicatoria en L: *un piano: su piano,* tal como señaló García-Posada (1980). De este modo la dedicatoria se reparte en dos endecasílabos eufónicamente escalonados, el primero anapéstico. Un autógrafo de «Cuatro baladas amarillas» *(Primeras canciones)* presenta la mista dedicatoria, allí tachada: «[A] Mademoiselle Teresita Guillén tocando su piano de seis notas». Sobre ese autógrafo, véase mi comentario en M. H., «Ocho cartas inéditas», *Trece de Nieve,* 2.ª ép., 1-2 (1976), pág. 39. Apoya también la corrección una carta a M. Fernández Almagro, de enero de 1926 *(EC,* pág. 319), donde cita completa la dedicatoria, destinada a «una parte» del libro. En carta anterior al mismo destinatario (julio de 1925) había escrito: «Guillén es encantador. En su casa he pasado ratos inolvidables. Si le ves, dile que le escribiré y le mandaré el poema de mi Teresita» *(EC,* pág. 284). Tal «poema» sería en ese momento, más que la célebre canción de los lagartos, una «secuencia de poesías», acaso las «Cuatro baladas amarillas».

En el v. 4 RO corrige *delantaritos* (ms. y L) por *delantalitos* (pág. 41). Frente a las ediciones modernas y la mía anterior, corrijo con RO. Lorca elige en principio un dialectalismo granadino, que usa de modo voluntario y burlesco, pero la corrección antes señalada *(un: su)* sólo pudo deberse a su mano. Si se detuvo en el poema, es plausible que cambiara también *delantaritos,* decidiendo sacrificar la burla local, no entendible para todos. Cabe otra explicación: el linotipista «regulariza» el término. Salvo erratas (muy pocas), no hay en RO modificaciones correctoras de ese tipo, pues incluso se mantuvo el raro «rielo ceniza» de «Idilio» *(infra)* o el también dialectal *riyendo* de «Agua, ¿dónde vas?».

Canción cantada (pág. 59)

En carta a M. Fernández Almagro, de agosto de 1924, bajo el título de «Cancioncilla» *(EC,* pág. 247). La copia autógrafa no ofrece ninguna variante, aparte de la grafía *quiquiriquí*. Las variantes notadas por Menarini (pág. 102) se basan en una transcripción incorrecta. Hay un dibujo del poeta, «El pájaro Grifón», que feché en 1923, cuya relación con el poema parece clara. Al frente de la *suite* «En el jardín de las toronjas de luna» (1923) Lorca pone este diálogo entre un niño y un enano: «–Yo voy por las plumas / del pájaro Griffón. / –Hijo mío, me es imposible / ayudarte en esta empresa». El «griffón», con ortografía quizá influida por el francés, se confunde con el grifo, animal mitológico con cabeza de águila y cuerpo de león alado. Dibujo y comentario, en M. H., ed., *Dibujos*, Madrid: Ministerio de Cultura, 1986, pág. 126.

Canción tonta (pág. 61)

Ms. sobre dos cuartillas; M, pág. 104. Son tres canciones bajo el título «Canciones tontas del niño y su mamá»; la segunda, la que se incorpora a *Canciones,* está fechada en noviembre de 1925. Transcribo la I y III, desechadas, de Menarini (págs. 289-290):

I // Sí. / No. / ¿Quién te quiere? / ¡Yo! / ¿Sí? / ¡No!
III // Los borriquitos están volando. / Sus sombras van por los tejados. // Los peces vienen de paseo / con bastones y sombreros. // El director de la música / se enamoró de la luna. // ¿Dónde estarán desde ayer / las tres niñas del marqués? // ¡Pisa la raya de la rayuela! / ¡Coge la flor de su cabeza!

Canción de jinete (1860) (págs. 65-66)

Dos mss., el segundo con fecha: 12 de agosto, 1923; M, págs. 107-109. La fecha evoca el mundo legendario de los bandoleros en Sierra Morena, parte de la evocación lorquiana de una Andalucía del XIX, tanto en su poesía como en su teatro.

Adelina de paseo (pág. 67)

Ms. con fecha: 19 de julio, 1924; M, págs. 110-111; copia autógrafa, sin título, en carta a M. Fernández Almagro, julio de 1924 *(EC,* págs. 242-243). La transcripción usada por Menarini es incorrecta, lo que afecta a las variantes anotadas. Los vv. 5-6 ofrecen en L y RO una puntuación coincidente, pero absurda: *Me pondrá la cara verde / –zumo de lima y limón–.* Los guiones sugieren que «zumo» es aposición a «cara», no sujeto de «pondrá», como se interpreta en los dos mss.: *verde / zumo; verde, / zumo,* con coma, en el segundo caso, que obedece a los usos anómalos del autor. Corrijo sobre los dos mss. Es posible que los guiones, por contaminación del v. 7, fueran añadidos por Francisco García Lorca. Su hipotética intervención puede deducirse por la supresión de signos de admiración, como en *Morena, ¡qué luz de fuego! / ¡Préstame tu quitasol!,* así en ms.

El nombre de Adelina remite al de una hermana de José Bello, amigo del poeta. En carta de agosto de 1925 imagina a las hermanas de su amigo, a quien escribe: «En la cocina Elenica está llorando porque quiere destapar la olla, Adelina *melancoliza* su tiempo y Pilar le da con una vara para que corra aprisa» *(EC,* pág. 292).

[Zarzamora con el tronco gris] (pág.68)

Ms. con fecha: 23 de agosto, 1924; M, pág. 112. Modifico, frente a las eds. anteriores, la innecesaria acentuación irregular: «Acercaté» (v. 3).

[Mi niña se fue a la mar] (pág. 69)

Ms., con fecha incompleta: 5 de octubre; M, págs. 113-114. Maurer sugiere 1923 *(CP,* pág. 818). Lo conservado es un borrador primero, muy castigado, con una anotación: «De

esta canción tienes un original». Probablemente estaba dirigi-
da a Emilio Prados, editor del libro. M transcribe íntegro el
borrador.

Tarde (pág. 70)

Ms. con fecha: julio de 1923; M, págs. 115-116.

Canción de jinete (pág.   ).

Ms. con fecha: 4 de julio 1924; la primera hoja; ilustrada con
dos ramas con limones en color (M. H., *Libro de los dibujos,*
pág. 254); autógrafo completo, reproducido como ilustración
de J. Guillén, «Federico en persona», en F. G. L., *Obras com-
pletas,* ed. A. del Hoyo, Madrid: Aguilar, 1986, págs. LII-LIII;
M, págs. 117-118. Consigna este editor una copia autógrafa en
la colección EDC y una edición previa, en el *Boletín del Centro
Artístico de Granada,* sept., 1924. Gerardo Diego la recoge en
su *Poesía española. Antología, 1915-1931,* Madrid: Signo,
1932, y en la reedición ampliada del mismo libro, *Poesía espa-
ñola. Contemporáneos* (1934).

¡Es verdad! (pág. 72)

Ms. con fecha, «3 Canciones 3», de 22 de agosto, 1924; contie-
ne también «Al oído de una muchacha» y «Galán»; copia autó-
fraga en limpio, colección EDC; en carta a M. Fernández Al-
magro del mismo mes y año, *EC,* pág. 247; G. Diego, antologías
citadas; M, págs. 119-120. En los dos manuscritos primeros el
título aparece como «¡Es verdad!». Introduzco los signos de
admiración frente a L, RO y M. En la carta aparece titulado
como «Canción». Di la fecha del poema en mi edición del *Ro-
mancero* (1983, pág. 170).

[Arbolé arbolé] (págs. 73-74)

En su origen este romance formaba parte de la pieza teatral
inacabada *Lola la Comedianta*. Debe, pues, fecharse en 1923.
Vid. M. H., «G. L. y Manuel de Falla, una carta y una obra iné-
ditas», *El País* (Madrid, 24-XII-1977), y *Romancero*, ed. cit.,
pág. 166. Figura en dos mss. de *Lola...*, pero sin los vv. 19-24.
Lorca revisa el poema y lo edita en *El Estudiante. Revista de la
juventud española*, 12 (Madrid, 4-IV-1926), pág. 3. En esta
versión el estribillo de cierre es *Arbolé. / ¡Ay, arbolé! / Seco y
verdé.* Ed. Menarini, págs. 121-123.

   Interpreto el sangrado de las cuartetas y de las sucesivas en-
tradas de diálogo (L, RO y M) como sustitución de los blancos
eliminados, según uso tipográfico común cuando se quiere
ahorrar espacio. Restablezco, pues, esos blancos, tal como he
hecho en F. G. L., *Campanas de Córdoba en la madrugada...
(Antología cordobesa)*, Córdoba: Diputación, 1996, págs. 26-
27. Por error evidente, está también sangrado el v. 5 en RO, lo
que reproduce M.

[Galán] (pág. 75).

En «3 Canciones 3», 22 de agosto, 1924, al igual que «¡Es
verdad!» *(supra)*. Introduzco comillas en el v. 9, así en el
ms. y en M.

Juan Ramón Jiménez (pág. 82)

Ms. con fecha: 3 de octubre, 1924, borrador; ed. Menarini,
pág. 130. En carta a J. Guillén (enero de 1927) le copia los tres
primeros versos *(EC,* pág. 417). El poema fue escrito poco des-
pués de la visita que Juan Ramón hizo a Granada aquel mismo
año. Allí fue acogido afectuosamente por toda la familia del

joven poeta. El retrato enjuicia a J. R. J. y su obra con distancia, como si su magisterio ya hubiera concluido para Lorca.

Venus (pág. 83)

Copia autógrafa, sin subtítulo, en carta a M. Fernández Almagro, julio de 1924 *(EC,* págs. 242-243 y n. 717); enviada junto con «Nocturno esquemático» y «Adelina de paseo»; M, págs. 132-133. Según la versión transcrita por el primer editor, A. Gallego Morell, los dos últimos versos eran: *(En la espuma de las sábanas / se perdía su cabellera.)*

Debussy (pág. 84)

Ms., sin fecha, borrador; M, pág. 134. En carta a M. Fernández Almagro (fines de julio o comienzos de agosto, 1922) Lorca comenta que está escribiendo una serie que denomina «Los ensueños del río». Añade: «No tienes idea qué sufrimiento tan grande paso cuando me veo retratado en los poemas; yo me figuro que soy un *inmenso cínife color violeta* sobre el remansillo de la emoción». Las palabras que transcribo en cursiva corresponden literalmente a «Debussy». Según la hipótesis de C. Maurer, que ha llamado la atención sobre las correspondencias, el poema habría formado parte de una suite, «Remansos»; al incorporarlo a *Canciones,* Lorca añadió el título. *Vid.* C. M., *EC,* pág. 155, n. 454. El nombre del compositor está, pues, «traído» hasta el poema; no emana del mismo texto poético, aunque pueda formar parte de su universo simbólico.

Narciso (pág. 85)

Ms. con fecha, 3 de julio 1924, borrador; copia autógrafa en limpio con la misma fecha; M, págs. 136-137. En la primera redacción el v. 12 decía: *comprendí que era Narciso.* La separa-

ción en dos columnas –voz del poeta, soliloquio de Narciso–
rompe el escalonamiento del v. 8, claramente marcado en la
copia autógrafa; *dentro del agua. ¡Dios mío!* constituye, pues,
unidad métrica, como denota la rima. En consecuencia, la
canción tiene 12 versos, no 13, como contabiliza M.

JUEGOS (págs. 87-100)

Corrijo, siguiendo a Revista de Occidente, la dedicatoria. En
Litoral se leía, por error acaso no imputable al poeta, «En
grand plain».

Ribereñas (pág. 89-90)

Como en «Arbolé arbolé», los sangrados de verso indican pre-
sencia de blancos que añado, pese al error del v. 8, también
sangrado en L y RO. Coinciden las dos ediciones en la puntua-
ción y presentación del segundo grupo estrófico:

Cuantas campanas ¿oyes?

(balalín)
No me dejan.

(¡Balalán!)

Reproduje así estos versos en mi anterior edición, pero acen-
tuando *cuantas,* enmienda que no tiene en cuenta M. Dada la
usual falta de acentos en la escritura del poeta, se entiende que
faltara en el ms. (que no se ha conservado), pero la solución del
editor, fuera quien fuera, es absurda. La interrogación debe
enmarcar todo el verso, independiente de *No me dejan,* como
denota la mayúscula. He corregido, por tanto, y he repuntuan-
do, además, los paréntesis.

Menarini interpreta que el poema está dirigido a Luis
Buñuel, de acuerdo con la dedicatoria de la sección. Parece
altamente improbable. Ni el poema ni su contexto en el li-
bro lo sugieren. A más abundamiento, tampoco Buñuel go-

zaba entonces de una cara «de luna llena», que no tuvo nunca. Tal lunaridad fue, en todo caso, más propia del poeta granadino, con autoburla explícita en el *Retablillo de don Cristóbal:* «cara de pan de maíz» o de circular borona. Aquí Lorca está interpretando a su modo (en los que llama «Juegos») canciones ribereñas, entendidas como «propias de localidades de ribera» o «para ser cantadas en una ribera». De acuerdo con la segunda acepción, el poema que sigue, «A Irene García», muestra bien claro un lugar ribereño, un soto, sitio tradicional de encuentro amoroso, fiesta y baile, como marcó, entre otros, Lope de Vega. Estas canciones piden, pues, un tú femenino, y nada sugiere lo contrario. El mismo escenario –orilla de los ríos o corrientes de agua– en «Las gentes iban», en «Naranja y limón» o... en «La casada infiel».

A Irene García (criada) (págs. 91-92)

Corrijo, con RO, el v. 13: *como: cómo.* ¿Es esta Irene García un personaje real? Es lo que sugiere la rara conversión de una dedicatoria en título, a lo que se suma la indicación de oficio. Esta condición de «criada» implica, para Lorca, el de noble transmisora de una tradición de poesía oral. Es posible que en ese nombre se cruce una Isabel García de carne y hueso con la Irene ficticia de una canción asturiana, aludida en el poema. Isabel García era en 1920, aparte de la hermana del poeta, una mujer de 35 años que le cantó los romances de «Gerineldo» y «La condesita» en la plaza granadina de Mariana Pineda. ¿Era acaso una criada? Las copias de los romances, con la correpondiente indicación de procedencia, se conservan en el Archivo Menéndez Pidal, de Madrid (véase «Cronología...» del *Romancero gitano* en mi edición dentro de esta misma colección). La hipótesis es plausible ante la tradicionalidad del poema, que mezcla y transfigura la conocida canción del arbolé («Tres hojitas, madre...») y una canción de

cuna asturiana: «A los campos del rey / vas, Irené. / Ay, more-
nita, / cómo llué vé. / Tanto ha llovido / que hasta los naranje-
lés / han florecido, / pino verdé. / ¡Qué serenita / cae la nievé! /
Ca, ca, ca, / duérmete, mi bien». Para estas canciones, *vid.* Da-
niel Devoto, «Notas...» pág. 139. La canción asturiana es tam-
bién recordada, lo que es significativo, por Francisco García
Lorca, *Federico y su mundo,* ed. M. H., Madrid: Alianza, 1980,
págs. 198-199.

Al oído de una muchacha (pág. 93)

Ms. con fecha: 22 de agosto, 1924, como parte de las citadas
«3 Canciones 3»; copia autógrafa en carta a M. F. A., del mis-
mo mes y año, como «Cancioncilla / (para ser recitada junto al
oído de una muchacha)» *(EC,* pág. 245); M, pág. 144. En la
carta carece de blancos, y el v. 6 está recalcado con signos de
admiración.

Las gentes iban (págs. 94-95)

Ms. con fecha: julio, 1922; borrador; M, págs. 145-146.

Canción del mariquita (págs. 96-97)

A. Rodrigo *(G. L. en Cataluña,* pág. 401) reproduce un autó-
grafo, copia en limpio con la fecha incompleta de «1926». Si-
guiendo este único autógrafo conocido, en el v. 2 debe corre-
girse *en su peinador* (L y RO) por *con su peinador.* «Peinador»
no es «habitacion para peinarse», como parece que alguien de-
dujo, sino el paño que se ajusta al cuello y sobre los hombros
para esa acción. Ha coincidido en la corrección Menarini
(pág. 147), que, sin embargo, lee «1924» en la fecha del autó-
grafo, creo que erróneamente.

Árbol de canción (pág. 98).

«Canción del arbolé» en la carta ya citada a M. Fernández Almagro. Ha sido reproducida en un solo bloque, sin blancos, en la transcripción de A. Gallego Morell. El autógrafo, sin embargo, marca con rayitas separadoras los distintos grupos estróficos. El título primitivo obedece a los tres primeros versos, que vuelven a repetirse al cierre: «Sin saber por qué / lloro ante las hojas / del arbolé». Descontado el estribillo, los vv. 15-16 daban esta diferente lectura: «¡Mira qué blanca brisa! / en el aire de ayer!», con la misma irregular puntuación que se copia.

[Naranja y limón] (pág. 99)

Ms. sin fecha, con el título «(No diré tu nombre)»; copia autógrafa en limpio, colección EDC, con el título «No diré tu nombre / (canción)» y la fecha «Mayo 1922»; M, pág. 151. Reproduce el segundo ms. García-Posada, *Poesía*, 1 (1982), pág. 472. En ambos mss. los vv. 2-3 y 5-6 están entre paréntesis, y con admiraciones los vv. 8-9 y 11-12. Restituyo estos signos, impropiamente suprimidos, como denota el paralelismo por contraste de las dos partes de la canción. Su «niña blanca» procede de un célebre romance asturiano. *Vid.* M. H., «F. G. L: rueda y juego de la tradición popular», en *El legado cultural de España al siglo XXI. 2. La literatura: clásicos contemporáneos*, Barcelona: Círculo, 1992, págs. 263-292.

La luna asoma (pág. 103)

Ms. sin fecha, cuatro cuartillas con «Canciones bajo la luna»; M, págs. 155-156. La segunda canción del ms. es un borrador con el título «Luna llena», que pasará a «La luna asoma». Termina con cuatro versos que desaparecerían: *La luna está más lejos / que el sol y las estrellas. / Es perfume y recuerdo, / pompa de azul marchito.*

Dos lunas de tarde (págs. 104-105)

Ms. sin fecha, borrador; M, págs. 157-159. Entrecomillo, siguiendo al ms., los vv. 4 y 6 de la canción 2, con igual corrección que en «Galán». No la marca M.

Lunes, miércoles y viernes (pág. 106-107)

Ms. sin fecha, borrador; copia autógrafa en limpio, colección EDC, con fecha de «Junio 1922»; M, págs. 160-161.

Murió al amanecer (pág. 108)

Versión definitiva en *Verso y Prosa*, núm. cit. El poeta introduce tan sólo los signos de admiración en el v. 16 y último: *¡girando!* Un ms., como de «Cazador», en la Houghton Library (Harvard University).

Primer aniversario (pág. 109)

Ms. con fecha: 3 de julio, 1924; borrador; copia autógrafa en limpio, sin fecha; M, págs. 163-164. El ms. primero incluía dos versos de cierre que fueron suprimidos: *Pero tú vas hacia el sol / y yo a la luna me acerco.*

Segundo aniversario (pág. 110)

Según Maurer, sería éste uno de los más tempranos poemas del libro, seguramente del verano de 1921. *CP*, pág. 820.

Susto en el comedor (pág. 115)

Ms. con fecha: septiembre, 1925, borrador; M, pág. 170. Aña-
do coma tras *rosadas...*

La soltera en misa (pág. 117)

Ms. sin fecha, borrador; M, pág. 171. Quito la mayúscula de
«Moisés» en v. 1, así en todas las ediciones precedentes. El poe-
ta habla de un tipo de cuna y la mayúscula puede considerarse
un típico error suyo, que lleva a traducciones como «Under the
Moses of the incense» *(CP,* pág. 479). He indicado la correc-
ción, con comentario del poema, en F. G. L., *Doña Rosita...,*
Madrid: Alianza, 1998, págs. 37-38.

Interior (pág. 118)

Ms. sin fecha, borrador; M, pág. 172. El poeta desechó otro fi-
nal: *Y cuando salga muerto / que no me llore nadie.*

Nu (pág. 119)

Ms. con fecha: septiembre, 1925; borrador; M, pág. 173. Man-
tengo la cursiva para el título, según norma común para pala-
bras en otro idioma. Lorca utiliza un término de la crítica pic-
tórica, como si el poema correspondiera a un cuadro; de ahí,
«Nu», en sentido genérico; no «Nue», como correspondería a
la francesa, real o fingida, de la canción. En el ms. el título pasa
por estas fases: «Francesa y desnuda» y «Georgette», lo que de-
lataría una persona real.

Serenata (pág. 120)

A fines de enero de 1926 Lorca copia en carta una escena de su
Perlimplín a M. Fernández Almagro *(EC,* págs. 320-322). Bajo
el anuncio de «empieza a sonar una serenata», transcribe ya la
canción, que se oye con fondo de guitarras, flauta y acordeón.
Para *Canciones* el poeta añade la indicación de homenaje a
Lope y cambia el nombre de su Belisa teatral por el de Lolita.

En Málaga (pág. 121)

Ms. sin fecha, borrador; copia autógrafa, colección EDC, con fe-
cha incompleta: 1926, bajo el título «Canción erótica»; M, págs.
176-177. Al final de la copia, una nota: «No me llame usted
[EDC] ganso. Esta canción es muy bonita». La «gansada» pende
de la variante de cierre: *tu culo / católico, apostólico y romano.*

Escena (pág. 125)

Ms. sin fecha ni título, borrador; M, págs. 181-182. Como ano-
ta Maurer, de la *suite* «En el jardín de las toronjas de luna», ju-
lio de 1923 *(CP,* pág. 821).

El niño mudo (pág. 128).

En *Verso y Prosa,* núm. cit., con la dedicatoria «A Zenobia
Camprubí», no mantenida luego en el libro.

El niño loco (págs. 129-130)

En octubre de 1923 Lorca confiesa a M. Fernández Almagro
que quiere «terminar mi poema "Recreo del niño loco y el pá-

jaro sin nido" *(EC,* pág. 212). «El niño loco» se desgaja de esta secuencia, poema o *suite.* En M, págs. 279-282.

Desposorio (pág. 131)

Ms. sin fecha, borrador; M, pág. 187.

Despedida (pág. 132)

Copia autógrafa en limpio, posterior a la salida del libro, en poder de Máximo Díaz de Quijano; ms. reproducido por Agustín Souvirón Utrera, «un álbum de autógrafos», *La Estafeta Literaria,* 36 (15-XI-1945), pág. 15; M, pág. 188.

Suicidio (págs. 133-134)

Ms. con fecha: 27 de julio, 1924; borrador; M, págs. 189-190.

Cancioncilla del primer deseo (págs. 137-138)

Ms. sin fecha, borrador; M, págs. 195-197. Añado signo de admiración en vv. 18 y 19, olvidos manifiestos en L, RO y M.

En el instituto y en la universidad (págs. 139-140)

Ms. sin fecha, borrador; M, págs. 198-199. Según el criterio adoptado, añado blancos ante sangrado de grupo de versos, como en «Arbolé arbolé» y «Ribereñas».

Eco (pág. 142)

M. Fernández Almagro menciona este poema en su artículo de 1923 «El mundo lírico de G. L.» (véase introducción).

Idilio (págs. 143-144)

Ms. sin fecha, borrador, bajo el título «Idilios»; M, págs. 202-203. Restituyo la lección coincidente de L y RO, en v. 10: *rielo ceniza*. Interpreté *cielo* en mi anterior edición, pero el ms. atestigua el raro neologismo por dos veces. «Rielo» provendría de «rielar». M asume *cielo*.

Granada y 1850 (pág. 147)

Ms. sin fecha, de la *suite* «Surtidores», de la que se desgaja; en Paul Rogers, ob. cit.; M, pág. 205. En 1850 –recuerda C. Maurer *(CP,* pág. 822)– el Romanticismo aún se resiste a morir en Granada: Glinka visita la ciudad en 1848; Gautier lo había hecho en 1840. Los dos nombres forman parte de la constelación de «autoridades» en granadinismo (o en andalucismo universal) que Lorca y sus amigos celebran.

Preludio (pág. 148)

Ms. sin fecha, borrador; M, pág. 206-207. Como señala C. Maurer *(CP,* pág. 822), «Preludio» fue escrito en el verano de 1922, como parte de «Los ensueños del río», *suite* que reconstruye en el mencionado libro (págs. 318-322). Lorca comenta la nueva serie a M. Fernández Almagro en carta de julio o agosto de 1922 *(EC,* pág. 155). Las fechas coincidirían con las de «Debussy» *(supra).*

Soneto (pág. 150)

Un autógrafo, fechado en «1924 julio», fue regalado por el poeta a José María de Sagarra. Ha sido reproducido por A. Rodrigo, ob. cit., pág. 55. El v. 11 dice: «donde yace ignorada tu

belleza.»; el 14: «Mojada y temblorosa de la orilla». He adopta-
do para este verso la lectura de Revista de Occidente –«mojada
y olorosa de la orilla»–, frente a Litoral: «olorosa y mojada de
la orilla». La versión autógrafa apoya la verosimilitud de la
corrección por parte del propio poeta en la segunda edición.
El soneto lleva en el autógrafo el subtítulo de «Narciso».

Reseña M (pág. 209) un segundo ms., con distinta fecha: julio
de 1925. Sería posterior a la primera edición del soneto, en *Proa*, 11
(Buenos Aires, junio, 1925), pág. 17, donde sigue al «Romance de
la luna de los gitanos». «Soneto» aparece dedicado a José María de
Sagarra y fechado en «Granada, 1925», al igual que el romance.

De otro modo (pág. 153)

Copia autógrafa en limpio, reproducida por A. Rodrigo (ob.
cit., pág. 143). Procede de uno de los *Carteles literarios, colla-
ges* de Ernesto Giménez Caballero. Realizados entre 1925-
1927, se expusieron en Ediciones Inchausti (Madrid, 1927) y
en las Galerías Dalmau (Barcelona, 1928). Una selección de
Carteles se editó en Madrid: Espasa-Calpe, 1927. No figura allí
el titulado «El poeta Lorca», perteneciente a la colección de
Gustavo Gili (Barcelona). Ha sido reproducido en color, pre-
cedido de los datos que aquí recojo, en *Poesía*, 26 (1978),
pág. 44. El cartel presenta, junto a una tira vertical de una alelu-
ya popular de don Perlimplín, un dibujo original de Lorca y «De
otro modo». El dibujo es «Arlequín veneciano», de 1927 (M. H.,
Libro de los dibujos, pág. 194). El cartel ha de fecharse, por tanto,
en ese año, fecha probable del autógrafo. Lo sigo, dada su mejor
puntuación y por estar cerca de la aparición del libro.

Canción de noviembre y abril (págs. 154-155)

En *Verso y Prosa*, núm. cit. El v. 10 ofrece «abril» frente a la gra-
fía habitual en el poeta: «Abril», tal como siguen Litoral y Re-
vista de Occidente. Corrijo con la revista.

[Agua, ¿dónde vas?] (pág. 156)

Ms. con fecha, borrador; copia autógrafa en limpio: 3 de julio, 1924; M, págs. 216-217. Forman parte de la misma serie y ms. «Narciso» y «Primer aniversario».

Canción inútil (pág. 158)

Ms. con fecha: sept., 1925; borrador; copia autógrafa en limpio, colección EDC; M, pág. 319. Corrijo, con M, la errata de L y RO en v. 6: *olvidarlas.* Se impone el masculino, pues se refiere a «hombre y pez». No hay equívoco en los mss.

Dos marinos en la orilla (págs. 160-161)

Ms. sin fecha: cuatro poemas bajo el título «Los cuatro viejos marineros»; M, págs. 222-223. Este editor recoge en apéndice los dos poemas desechados, que edito de nuevo:

3. // *Los trenes corren. / Las banderas ondean. / Los barcos suben y bajan las velas. // Quieto en el agua, / sin ser un ancla, / echadme al agua, / echadme al agua. // (No oye el agua.)*
4. // *El mar es amargo. / El cielo oscuro. // La carne del hombre, / como la del pulpo. // Esta pipa tiene / cien años menos dos meses. // Poned vidrios a la ventana. / Quiero ver, pero no oír el agua.*

La serie guarda correspondencia con una carta al escritor y diplomático cubano José M.ª Chacón y Calvo, de agosto de 1925. Bajo el dibujo de un marinero con una pipa en la mano, Lorca escribe: «Este triste marinero fuma su pipa y recuerda. Si se descuida un momento, sus ojos se irán para siempre al fondo del agua». En *EC,* pág. 287.

Canción del naranjo seco (pág. 163)

Ms. sin fecha; M, págs. 225-226.

Canción del día que se va (págs. 164-165)

Ms. con fecha, borrador: 9 de agosto, 1923; y copia autógrafa;
M, págs. 227-228.

En carta a Benjamín Palencia (18-VII-1925, *EC,* pág. 289)
Lorca glosa un sentimiento semejante al descrito en el poema.
Escribe desde Granada: «¡Si vieras qué largos y qué de oro son
los días! El crepúsculo de la tarde no se acaba nunca, nunca,
nunca. Hay un momento en que los pájaros se ponen duros y
brillantes como si fueran de metal, que la tarde se quiere poner
eterna. Desde luego, la impresión *de que ya te has muerto* te la
da todos los días esta luz única y sustanciosa».

Índice

215